CON PLANTILLAS PARA LOS PATRONES. MUÑECOS HECHOS CON RETALES

Pajaritos de tela

18 proyectos sencillos para coser y mimar

BLUME

VIRG

Contenido

Introducción 6

Proyectos

Búho 12
Canario 18
Pingüino 24
Paloma 30
Águila 36
Martín pescador 42
Azulejo 48
Cardenal 54
Pájaro carpintero 60

Pajaritos de tela

BLUME

Título original *Fabric Stash Cuties - Pretty Birds*

Edición Jacqueline Ford, Cath Senker, Tamsin Richardson

Dirección de arte Lucy Smith

Ilustraciones Jess Hibbert

Fotografía Ivan Jones

Diseño Lucy Smith, Michelle Rowlandson

Traducción Remedios Diéguez Diéguez

Revisión de la edición en lengua española Isabel Jordana Barón
Profesora de Moda, Escola de la Dona, Barcelona

Coordinación de la edición en lengua española
Cristina Rodríguez Fischer

Primera edición en lengua española 2015

Av. Mare de Déu de Lorda, 20
08034 Barcelona
Tel. 93 205 40 00 Fax 93 205 14 41
e-mail: info@blume.net

ISBN: 978-84-16138-30-2

Impreso en China

WWW.BLUME.NET

Este libro se ha impreso sobre papel manufacturado con materia prima procedente de bosques de gestión responsable. En la producción de nuestros libros procuramos, con el máximo empeño, cumplir con los requisitos medioambientales que promueven la conservación y el uso responsable de los bosques, en especial de los bosques primarios. Asimismo, en nuestra preocupación por el planeta, intentamos emplear al máximo materiales reciclados y solicitamos a nuestros proveedores que usen materiales de manufactura cuya fabricación esté libre de cloro elemental (ECF) o de metales pesados, entre otros.

Gaviota 66

Pollito 72

Petirrojo 78

Chochín 84

Cisne 90

Loro 96

Pavo real 102

Colibrí 108

Flamenco 114

Plantillas adicionales 120

Glosario 122

Índice 124

Agradecimientos 128

Introducción

Tengo tantos retales que si los pusiese en el suelo de mi sala de costura parecerían un montón enorme de hojas caídas y apiladas. Aunque intento economizar al máximo cuando utilizo telas, siempre sobran restos y formas al terminar un proyecto. También usted, si cose desde hace tanto tiempo como yo, tendrá muchos retales. Crear estos pájaros fue muy divertido y una manera de aprovechar algunos de esos retales. Me encantó rebuscar entre las telas para encontrar los colores, las texturas y los estampados adecuados para cada ave.

Los proyectos de este libro abarcan desde diseños rápidos y sencillos (la paloma blanca, por ejemplo) hasta otros moderadamente complicados (el colibrí), pero todos están pensados para divertirnos y conseguir resultados satisfactorios. Con propuestas entrañables (el canario), de moda (el búho), clásicas (el pájaro carpintero) y elegantes (el cisne), los dieciocho proyectos de este libro se adaptan a todos los gustos y ocasiones. Tanto si es usted una amante de los pájaros como si solo busca ideas bonitas de costura, este es su libro.

Cada proyecto incluye plantillas de los patrones para descargar e imprimir (*véanse* instrucciones, págs. 8-9). Siga las indicaciones de los patrones al pie de la letra. Trabajar con piezas tan pequeñas puede resultar frustrante al principio; tenga paciencia y proceda poco a poco con su primer proyecto. Hilvanar (coser a mano con punto corrido suelto) en lugar de sujetar con alfileres antes de coser con la máquina puede hacer maravillas cuando se crean piezas pequeñas.

Aunque he cosido casi todos estos proyectos con la máquina de coser, los patrones también son adecuados para hacerlo a mano, si lo prefiere. En cualquier caso, todos los pájaros requieren una parte de costura a mano, y es una parte importante del proceso que hace que los pájaros parezcan auténticos.

Dado que en realidad se trata de coser muñecos, también necesitará algunos materiales especiales, además de retales. El fieltro de lana (no demasiado grueso, pero de buena calidad) es estupendo para crear picos, pezuñas y crestas duraderos. El fieltro sintético es un sustituto muy inferior. También precisará hilo y aguja para bordar, y las agujas tienen que ser las adecuadas para el fieltro y la tela.

Además de los proyectos principales, encontrará sugerencias acerca de cómo utilizar de forma práctica cada pájaro. No dude en aprovechar estas ideas y transformar los pájaros en objetos creativos de uso doméstico. Espero que se lo pase bien cosiéndolos, tanto como yo he disfrutado creándolos. Sus retales le están esperando para que empiece a coser estos preciosos muñecos de tela.

Virginia Lindsay

Cómo utilizar este libro

Costura

Cuando cosa, a máquina o a mano, tenga en cuenta que los márgenes de costura miden 6 mm. Utilice puntada recta (o punto corrido si cose a mano) a menos que se indique otra cosa. Las puntadas a mano deberían ser de 2-3 mm de largo y con un espaciado regular. Cuanto más fina sea la tela, más pequeñas deberán ser las puntadas. Realice un pespunte siempre al principio y al final de cada costura, y corte los hilos. Cuando emplee hilo para bordar, sepárelo en tres hebras para coser.

Descargar las plantillas de los patrones

Escanee el código QR (A) con su *smartphone* o la cámara web del ordenador. Necesitará tener un lector de códigos QR instalado en su dispositivo (descarga gratuita).

Como alternativa, puede introducir la dirección impresa bajo el código QR (B) en su navegador.

Por si copia la plantilla directamente del libro, se incluye la escala del patrón de la página (C) para que sepa cuánto debe aumentarla.

En la página web encontrará un enlace para descargar el patrón (D).

Imprimir las plantillas para los patrones

Las plantillas están diseñadas para que se impriman al 100 %. Antes de imprimirlas, asegúrese de que el escalado del papel está en «sin ajuste de escala».

Las piezas del patrón encajan a la perfección, pero no dude en introducir sus propios ajustes. Por ejemplo, es muy sencillo ampliar los pájaros copiando las piezas e imprimiéndolas en casa a 150 % o incluso 200 %. Si, por ejemplo, desea alargar las plumas de la cola, aumente el tamaño de las alas, la cabeza e incluso el abdomen. Lo único que debe tener en cuenta es que incrementar el tamaño de una pieza puede influir en el resto.

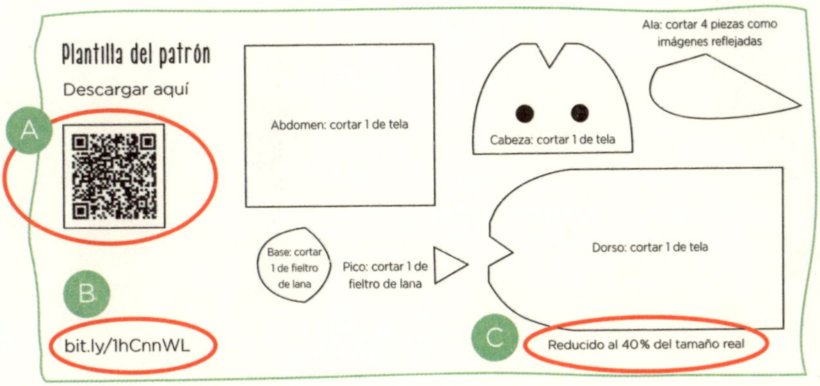

Proyectos

Búho

Los búhos representan sabiduría y erudición. Hay algo en su forma única y sus grandes ojos redondos que nos atrae. Por ello, solo una advertencia: coser búhos de tela crea adicción. Llevo años haciéndolo y todavía me encanta.

Estos divertidos amiguitos son rápidos y fáciles de coser, y puede usar múltiples combinaciones de telas. No dude en emplear colores vivos y divertidos: la forma y los rasgos del búho son tan característicos que siempre resultará obvio de qué pájaro se trata. Rebusque entre sus retales y utilice sus favoritos para este proyecto. El patrón del búho sirve para crear muñecos, topes para puertas, guardacables y cojines. Utilice fieltro de lana de buena calidad para que los ojos y la base no se estropeen después de unos cuantos abrazos.

Col. 733

¡A coser!

Materiales

- Retales de algodón en 3 colores
- Fieltro de lana en 2 colores, uno para los ojos y otro que haga juego con las telas de la base
- Máquina de coser (opcional), hilo, tijeras
- Relleno de poliéster
- Aguja e hilo
- Hilo de bordar a juego
- Botones de 1,3 cm

Medidas del patrón

Altura: 14 cm
Anchura: 13 cm

Plantilla del patrón

Descargar aquí

bit.ly/1nw2xgs

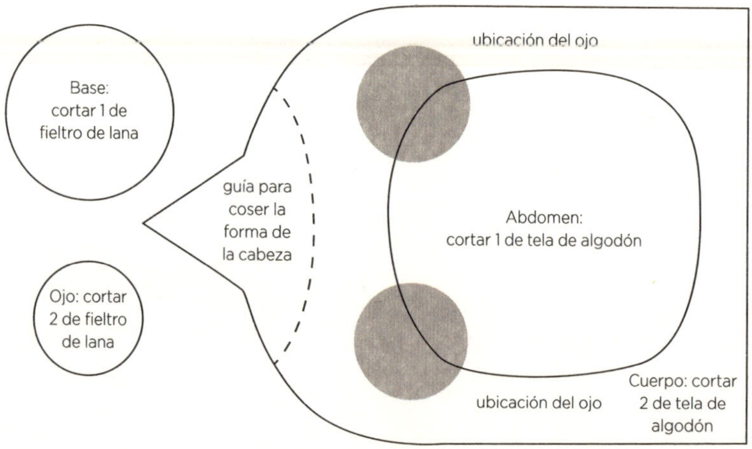

Reducido al 40 % del tamaño real

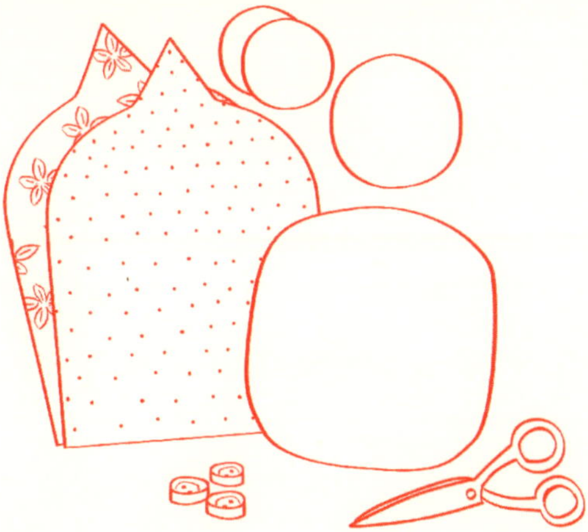

Paso 1

Corte todas las piezas del patrón.

Paso 2

Cosa la pieza del abdomen sobre el cuerpo con puntada en zigzag. Cambie a puntada recta para coser los ojos de fieltro. Para coser a mano, utilice punto de festón o sobrehilado, y después, punto corrido. La pieza del patrón incluye una guía de ubicación.

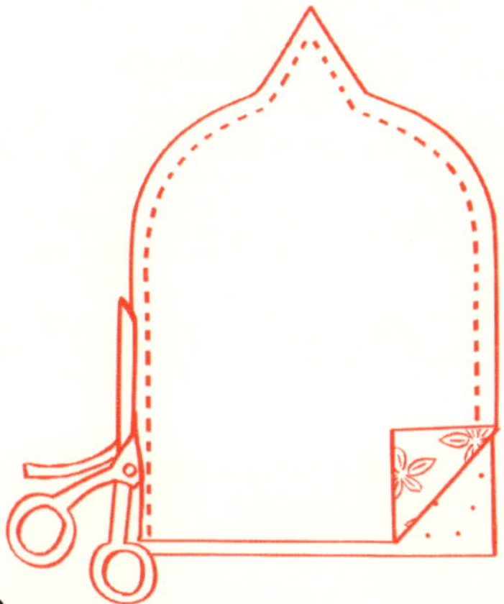

Paso 3

Sujete con alfileres las piezas delantera y trasera con los derechos juntos. Deje abierta la base y cosa el lado hasta la punta, y continúe por el otro lado. Corte las costuras y después la tela de la punta.

Paso 4

Dé la vuelta al búho y aplane la tela. La pieza del patrón incluye una guía para coser las orejas. Hágalo con la máquina de coser; marque con alfileres los puntos donde desea empezar y terminar, y después cosa una curva por encima de los ojos.

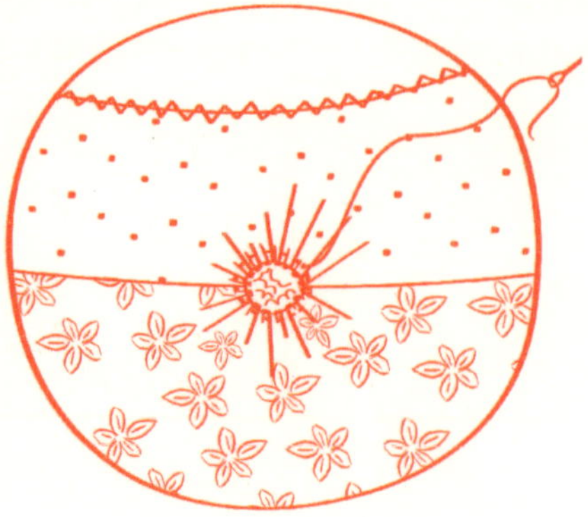

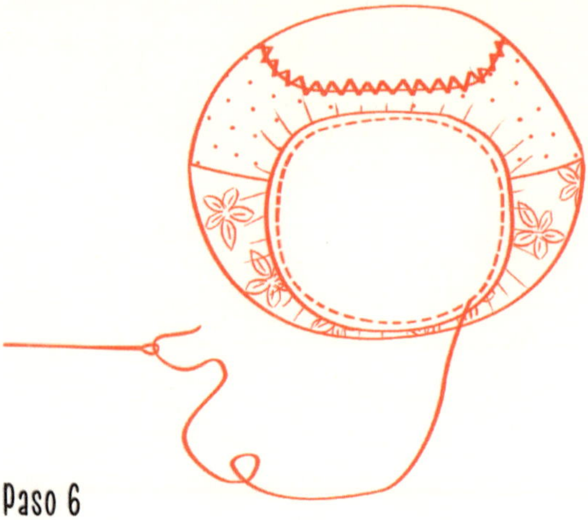

Paso 5

Rellene el búho con fibra de poliéster. Anude el extremo de un hilo y cosa con punto corrido en torno a la base del búho. Tire del hilo con cuidado para unir la tela. Asegure la tela fruncida con un nudo fuerte.

Paso 6

Cosa a mano la pieza de fieltro de la base para cubrir la tela fruncida. Utilice un hilo de bordar a juego y punto corrido para asegurar el fieltro a la base.

Paso 7

Para acabar, cosa los botones en su lugar, y el pico con un par de puntadas. Si desea que los ojos destaquen más, cosa con una sencilla puntada decorativa alrededor de la circunferencia de fieltro.

Más ideas

Cubrebolsa de agua pequeña

Debido a su forma, el búho es perfecto para convertirlo en una pequeña funda para una bolsa de agua caliente. Si puede, utilice guata con aislamiento a fin de conservar durante más tiempo el calor de la bolsa de agua. Puede emplear franela y algún tejido con pelo para las piezas exteriores, y añadir un toque todavía más cálido a la funda. En la página 121 encontrará más plantillas, códigos QR e instrucciones completas.

Estuche para guardar auriculares o cables

Añada un sencillo bolsillo en la parte trasera del búho. Utilice un retal de 16 × 23 cm para una pieza de 16 × 11,5 cm. Doble la tela por la mitad a lo largo, con los lados del revés juntos, para formar un bolsillo. Alinéelo con la base de la pieza posterior e hilvánelo a los lados. En el paso 3, cosa a través del bolsillo cuando junte las caras delantera y trasera del búho. Acabe como se indica en las instrucciones: ahora contará con un bonito bolsillo en la parte posterior. ¡Tenga su búho a mano junto al ordenador!

Canario

Este llamativo canario amarillo es un proyecto estupendo... ¿Y qué mejor color para este pájaro que el amarillo canario? Por supuesto, puede utilizar el color que desee o que tenga a mano.

Puede emplear un amarillo sólido para el cuerpo y reservar los estampados divertidos para el abdomen, la cola y las alas. Un retal bonito de pana o una franela con pelo también quedarán bien en el cuerpo. Es importante rellenar bien el canario para conseguir la forma redonda. Así que, aunque piense que ya está listo, ¡añada un poco más de relleno!

¡A coser!

Materiales

- Retales en tonos de un mismo color
- Máquina de coser (opcional), tijeras e hilo a juego
- Entretela termoadhesiva o de un retal
- Palillo chino para girar la tela
- Relleno de poliéster
- Tijeras dentadas
- Retal de fieltro de lana
- Hilo de bordar a juego y aguja
- 2 botones

Medidas del patrón

Altura: 14 cm
Longitud: 7 cm

Plantilla del patrón

Descargar aquí

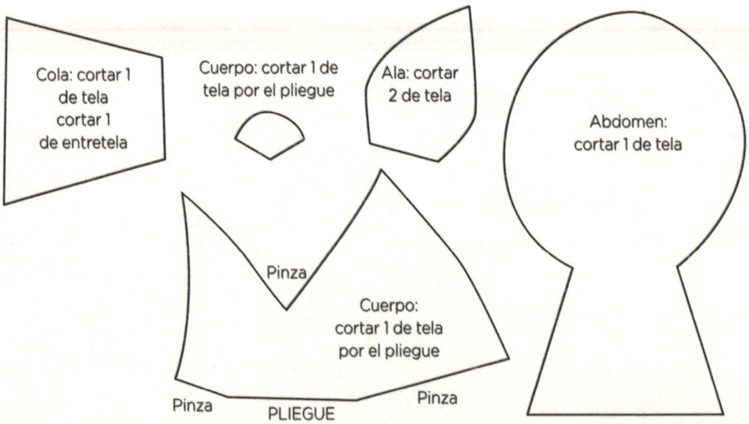

bit.ly/1noCNoR

Reducido al 40 % del tamaño real

Paso 1

Reúna los materiales y corte las piezas del patrón. Asegúrese de cortar la pieza del cuerpo por el pliegue para obtener una forma doble.

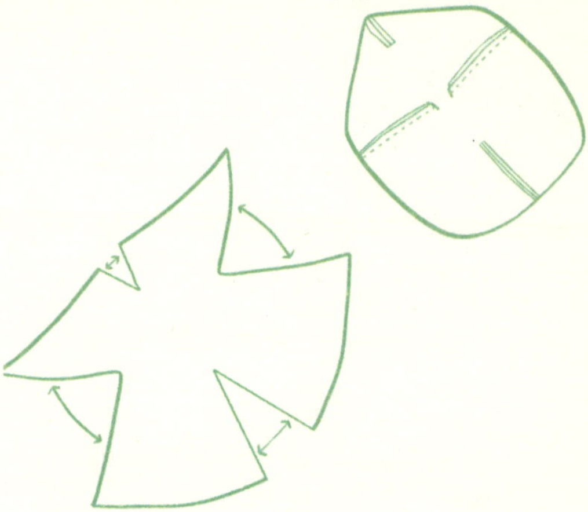

Paso 2

Cosa las cuatro pinzas del patrón del cuerpo. Corte las costuras de cada pinza.

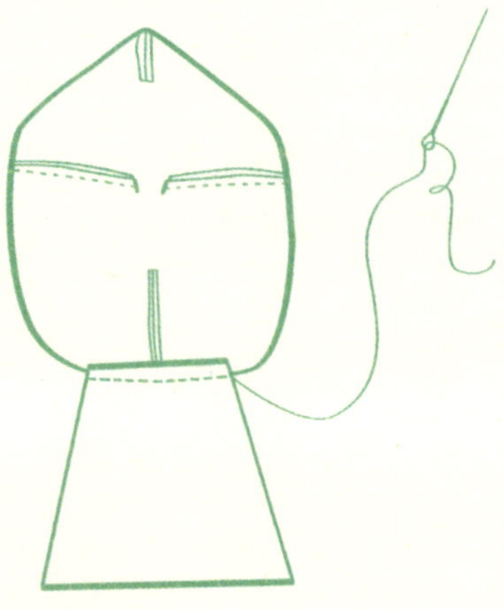

Paso 3

Una la entretela a la pieza de la cola y cosa esta última al cuerpo con los derechos juntos.

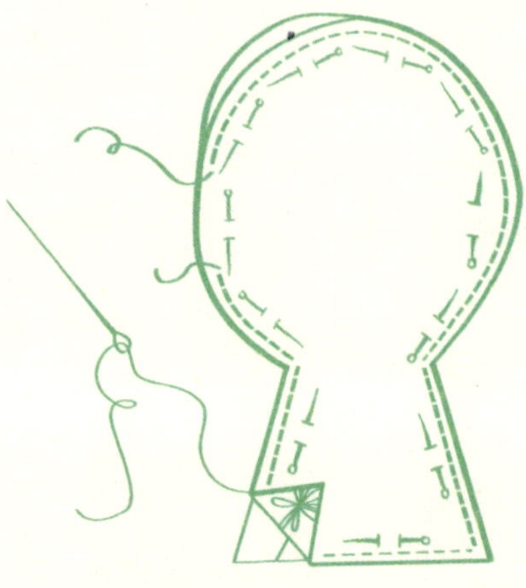

Paso 4

Sujete con alfileres y cosa el abdomen a la pieza del cuerpo y la cola. Deje una abertura de 5 cm en un lado para girar la tela.

Paso 5

Gire la tela, saque las esquinas de la cola con un palillo y alise. Cosa con un pespunte la costura entre la cola y el cuerpo.

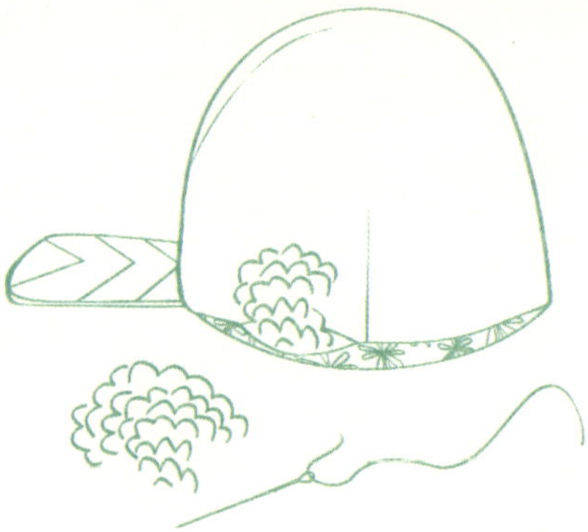

Paso 6

Rellene bien el cuerpo. Cierre la abertura con puntada de escalera.

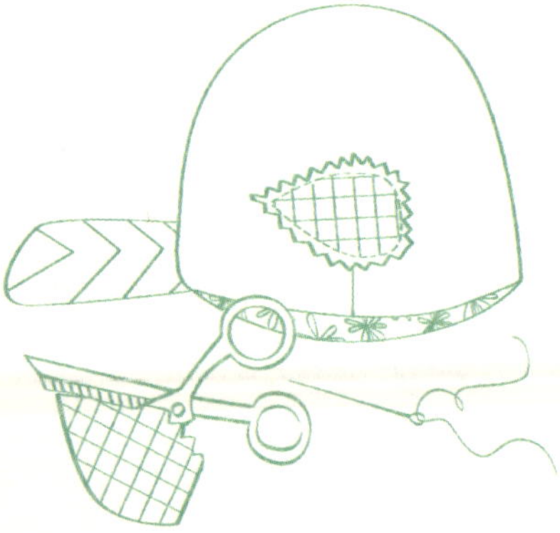

Paso 7

Utilice las tijeras dentadas en torno al perímetro de las piezas de las alas. Cosa las alas a mano en el cuerpo con puntada corrida; sitúelas de manera que tapen las pinzas.

Paso 8

Doble la pieza para el pico. Utilice un hilo de bordar a juego, dividido, para coser el pico con puntada de escalera siguiendo el borde recto. Sujete el pico al rostro con el resto de hilo. Cosa los botones para los ojos en el cuerpo a cada lado del pico.

Más ideas

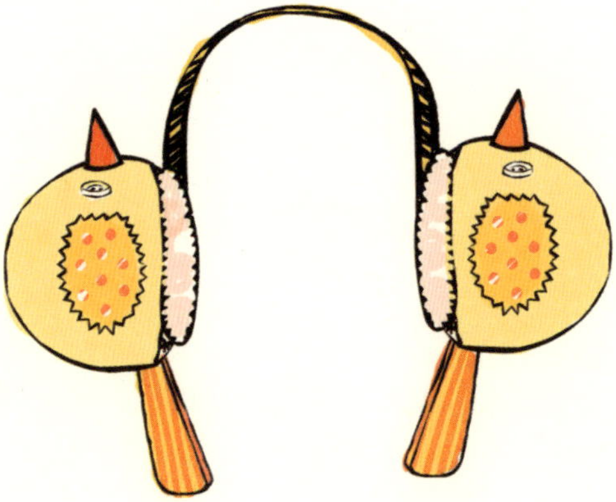

Orejeras

Confeccione dos canarios y cosa a mano un círculo de 7,5 cm de material suave, como chenilla o peluche, a los abdómenes. Deje una abertura en la parte superior de los círculos para poder pasar una diadema de plástico de 2,5 cm de ancho por cada círculo y asegúrela a los pájaros. Para mayor firmeza, puede añadir un poco de pegamento en la parte inferior de la diadema antes de insertarla en las piezas de tela.

Juguete para gatos

A los gatos les encantan los muñecos de pájaros, y la forma de este canario es perfecta para jugar. Borde los ojos en lugar de utilizar botones y cosa una cuerda larga en la parte de arriba de la cabeza. Como alternativa, ponga un sonajero u otro material que haga ruido en el interior del pájaro.

Pingüino

Los pingüinos provocan sonrisas con su modo de andar y su forma redondeada. Tienen un algo alegre y entrañable. Los de tela son divertidos y fáciles de coser. Puede probar con diferentes tamaños y crear una familia completa: antes de que se dé cuenta, su habitación de costura estará llena de estos animales.

Con este proyecto le resultará muy sencillo dar rienda suelta a su creatividad. Tenga en cuenta la textura y el color de las telas cuando confeccione su pingüino. Mi versión presenta el abdomen hecho con tela de toalla para añadir textura. Dado que la forma del pingüino se identifica fácilmente, puede utilizar los colores y los estampados que prefiera y seguirá resultando obvio que se trata de un pingüino. ¿Y una tela en topos rosas? ¡No hay problema! En lugar de añadir un pico plano, puede darle forma cónica para que parezca más realista.

¡A coser!

Materiales

- Retales en 2 colores
- Máquina de coser (opcional), hilo, tijeras
- Relleno de poliéster
- Aguja e hilo
- Fieltro de lana
- Hilo de bordar a juego con el fieltro
- 2 botones de 1,3 cm

Medidas del patrón

Altura: 14 cm
Anchura: 7 cm

Plantilla del patrón

Descargar aquí

bit.ly/1hCnnWL

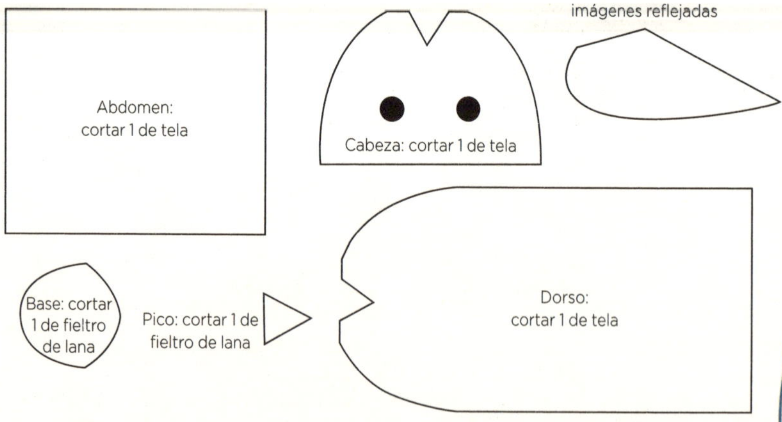

Reducido al 40 % del tamaño real

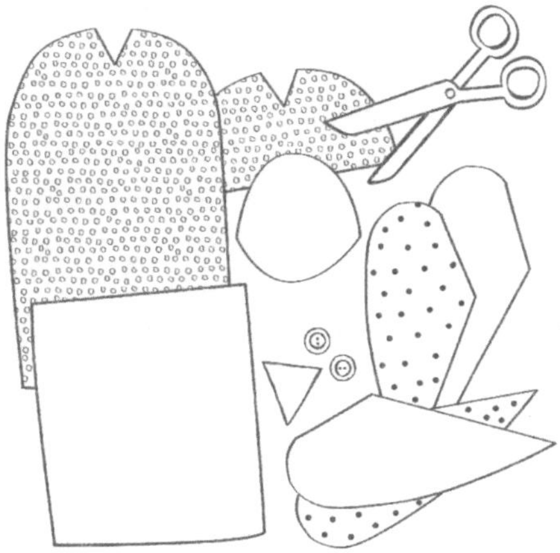

Paso 1

Corte todas las piezas del patrón como se indica. Asegúrese de cortar las alas como imágenes reflejadas.

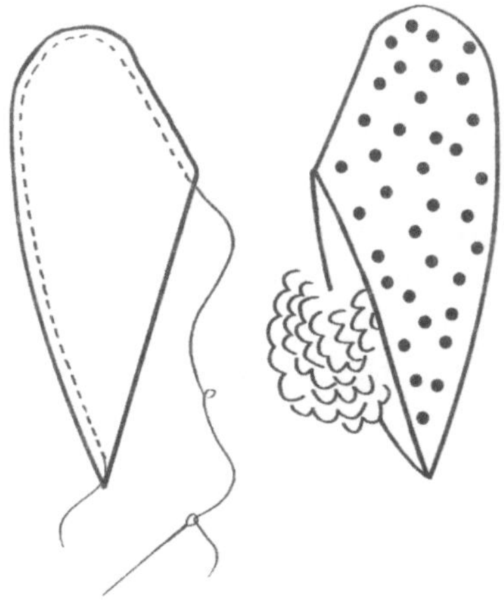

Paso 2

Para coser las alas, tome dos piezas y cosa los derechos juntos siguiendo el borde curvado. Deje el borde recto abierto. Recorte las costuras y dé la vuelta a la tela. Introduzca una pequeña cantidad de relleno en el ala y cósala para cerrarla. Repita el proceso con las otras dos piezas del ala.

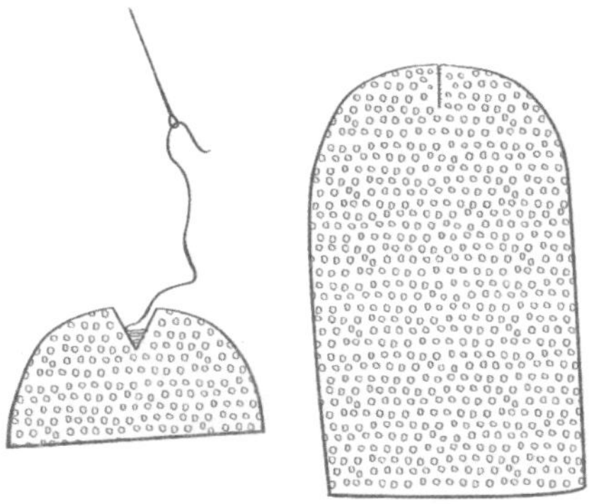

Paso 3

Cosa la pinza en la pieza de la cabeza plegando los derechos juntos y cosiéndolos. Repita el proceso para la pinza del dorso.

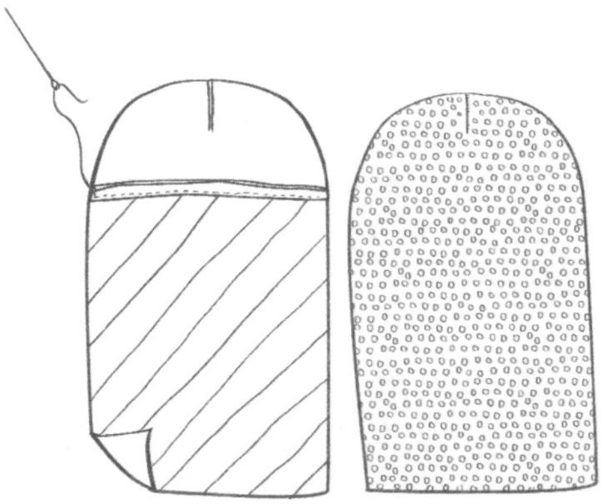

Paso 4

Cosa la cabeza a la pieza del abdomen con los derechos juntos. La cabeza y el abdomen coincidirán con la pieza del dorso.

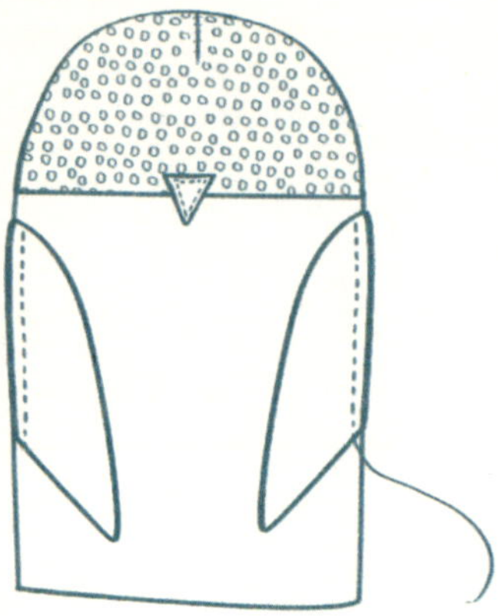

Paso 5

Sujete con alfileres las alas al abdomen de manera que apunten hacia el centro de la pieza y que estén ligeramente por debajo de la costura que une la cabeza con el resto del pingüino. Cósalas, y cosa también el pico centrado sobre la costura entre la cabeza y el abdomen.

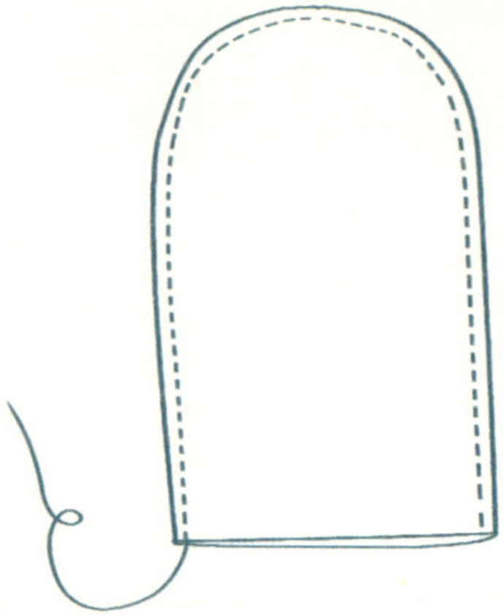

Paso 6

Sujete la parte trasera y la delantera con alfileres, con los derechos juntos. Deje la base abierta y empiece a coser por un lado, hacia arriba, pasando por la parte superior curvada hasta bajar por el otro lado. Asegúrese de que las alas permanecen en su lugar entre las capas. Recorte la tela sobrante de las costuras.

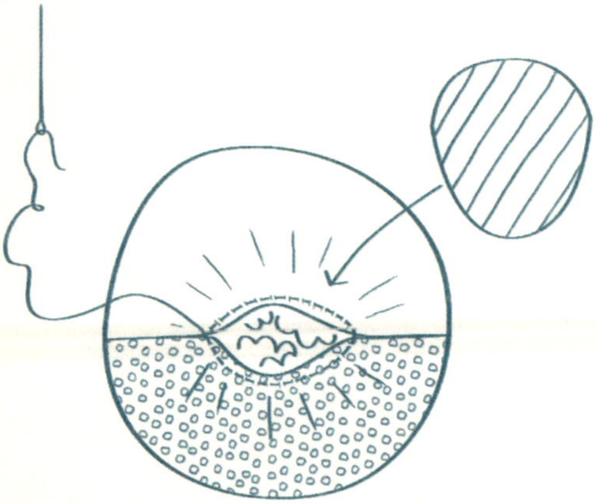

Paso 7

Dé la vuelta a la pieza e introduzca el relleno. Cosa la base con punto corrido, a unos 6 mm de los bordes. Tire del hilo ligeramente para fruncir la tela y haga un nudo. Con hilo de bordar, cosa el fieltro de lana sobre la parte inferior de manera que se vea por delante.

Paso 8

Cosa los ojos a cada lado del pico.

Más ideas

Marioneta

Corte dos piezas más del mismo tamaño que el dorso. En lugar de rellenar el pingüino como se indica en el paso 7, convierta las piezas extra en un forro cosiéndolas a los derechos del pingüino por la base. Deje un espacio para darle la vuelta. Cierre la abertura y alise el pingüino. ¡Las manos pequeñas se adaptarán fácilmente a la marioneta!

Alfileteros

Antes de proceder al paso 7, utilice un embudo para añadir un poco de arroz o maíz a fin de dar peso a la base del pingüino. A continuación, cosa las «patas» de fieltro y los ojos. Inserte algunos alfileres y agujas, y tendrá un regalo perfecto para un amante de la costura.

Paloma

Las palomas simbolizan conceptos agradables: amor, paz, bondad, serenidad, matrimonio e inocencia. Su bonita forma y el encanto de sus alas convierten la paloma en un proyecto de costura ideal. Puede utilizarla como etiqueta para regalos, decoración para cojines o, simplemente, como adorno. Cuando domine la técnica, pruebe a confeccionar varias palomas a la vez: siempre tendrá a mano algo bonito y artesanal para ocasiones especiales como bodas, bautizos, primeras comuniones o cumpleaños.

Este proyecto resulta muy rápido y fácil de coser porque la paloma es plana, no requiere relleno. Por tanto, es ideal para principiantes. Elija una tela de algodón suave y luminoso, y busque un encaje bonito para decorar el ala. También puede añadir una cenefa ondulada para dar al ala un aspecto más informal, o bien una cinta de raso para conseguir un toque más refinado.

¡A coser!

Materiales

- Retales de tela de algodón de 1 color
- Guata de algodón
- Hilo de bordar de color gris oscuro y aguja
- Máquina de coser (opcional), hilo, tijeras
- Tijeras dentadas
- Retal de encajo
- Retal de fieltro de lana
- Hilo de bordar a juego con el fieltro de lana

Medidas del patrón

Altura: 12 cm
Longitud: 18 cm

Plantilla del patrón

Descargar aquí

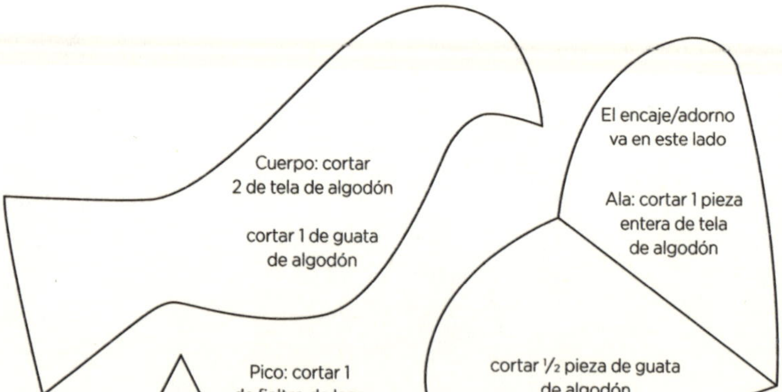

bit.ly/1sup4MJ

Reducido al 40 % del tamaño real

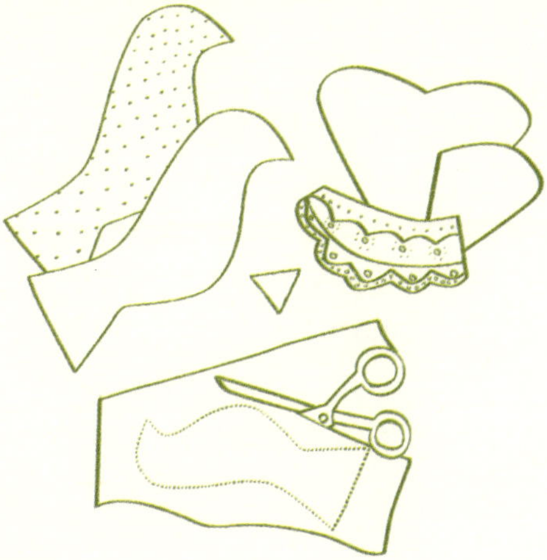

Paso 1

Corte todas las piezas del patrón tal como se indica.

Paso 2

Coloque la guata de algodón debajo de una pieza de cuerpo. Borde un párpado cerrado, con sus pestañas, con el hilo gris.

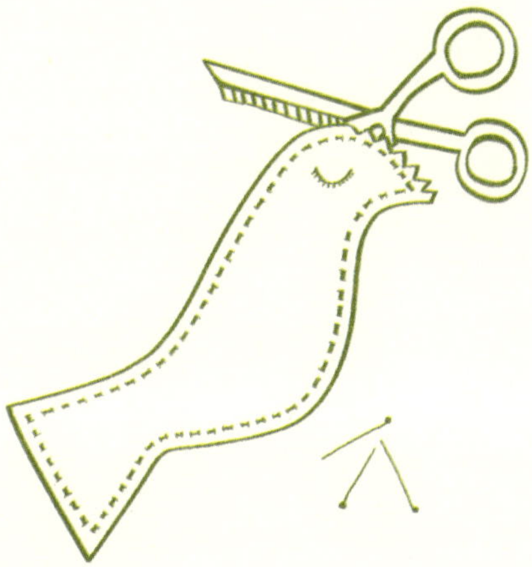

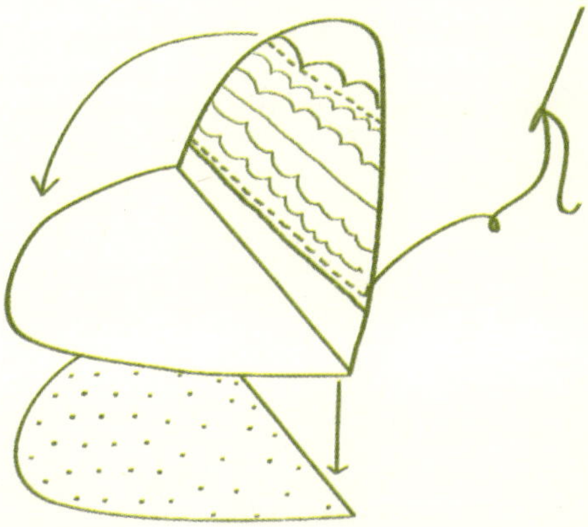

Paso 3

Coloque la otra pieza del cuerpo sobre el otro lado de la guata y sujete las telas con alfileres. Cosa todo el perímetro del cuerpo de la paloma. Recorte con tijeras dentadas siguiendo la costura.

Paso 4

Cosa el encaje en el derecho del ala. Doble el ala con los derechos juntos y coloque la pieza de guata bajo el ala plegada.

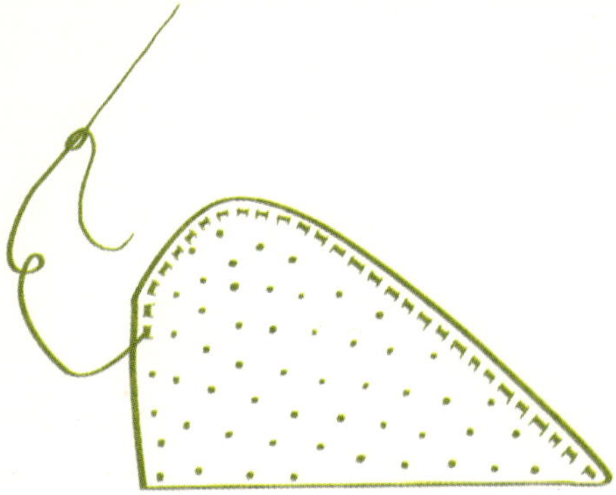

Paso 5

Junte con alfileres y cosa los lados, pero deje una abertura de 4 cm para dar la vuelta a la tela. Dele la vuelta y alise el ala. Oculte los bordes vivos de la abertura para que coincida la costura y alise de nuevo.

Paso 6

Cosa el perímetro del ala con puntada vista. Sujete el ala al cuerpo con alfileres y cosa siguiendo la puntada vista.

Paso 7

Cosa el pico al cuerpo con el hilo de bordar y puntada dividida.

Más ideas

Adorno para regalos

Cuando tenga lista la paloma, cósala a una cinta fina u ondulada, o añada la cinta en el paso 3, cuando cosa el perímetro del cuerpo de la paloma.

Cojín para llevar anillos de boda

Para una boda informal, puede coser la paloma a un cojín de encaje que servirá para llevar los anillos. El ala es perfecta para convertirla en bolsillo para un anillo.

Águila

Todo el mundo sabe que las águilas son poderosas y misteriosas, pero apuesto a que no imaginaba que también quedan preciosas convertidas en muñecos de tela. Las águilas confeccionadas con retales son divertidas y fáciles de coser, y en cuanto tenga una lista, recibirá las alabanzas de los amantes de estas aves.

Busque telas negras y blancas entre sus retales para coser un águila calva sencilla, o de tonos marrones dorados para confeccionar una bonita águila dorada. Puede ampliar fácilmente el tamaño de las piezas del patrón y crear un cojín para un niño. Asegúrese de prestar especial atención al pico. Antes de empezar, experimente con algunas puntadas para conseguir el aspecto aguileño del pico de su pequeño omnívoro.

¡A coser!

Materiales

- Retales de tela: 1 de color claro y 1 oscuro
- Retal de guata de algodón
- Tijeras dentadas
- Relleno de poliéster
- Máquina de coser (opcional), hilo, tijeras
- Fieltro de lana
- Aguja e hilo
- Hilo de bordar a juego con el fieltro de lana
- Botones negros de 1,3 cm o más pequeños

Medidas del patrón

Altura: 20 cm
Anchura: 24 cm

Plantilla del patrón

Descargar aquí

bit.ly/1fUlutk

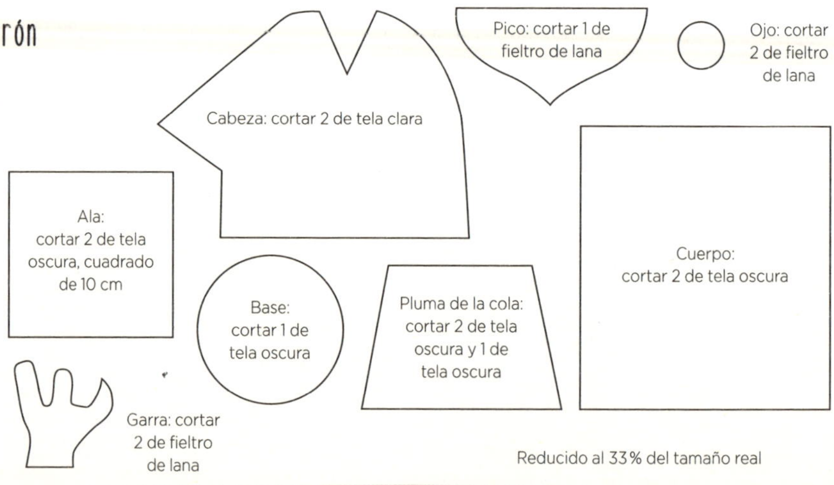

Reducido al 33% del tamaño real

Paso 1

Corte todas las piezas del patrón tal como se indica. Si utiliza una tela estampada para la cabeza, asegúrese de cortar las dos piezas como imágenes reflejadas.

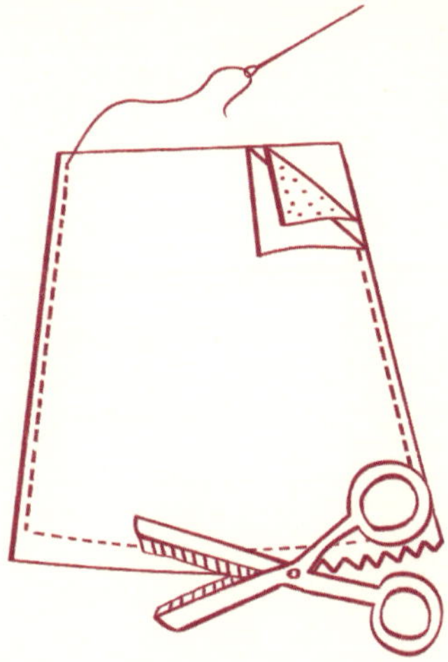

Paso 2

Para las plumas de la cola, coloque en capas una pieza de algodón, una de guata y otra de algodón. Los derechos han de quedar mirando hacia fuera. Cosa tres lados con puntada vista y acabe los bordes vivos con las tijeras dentadas.

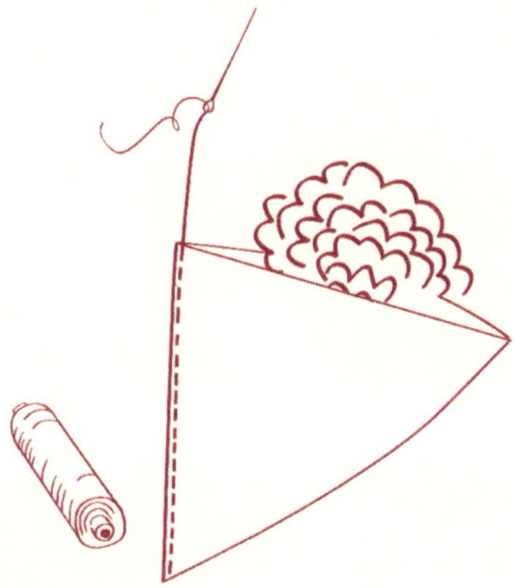

Paso 3

Doble los derechos de un ala para formar un triángulo. Cosa uno de los bordes. Dé la vuelta a la pieza y rellénela un poco. Cierre el ala con puntada vista. Repita el proceso con la otra ala.

Paso 4

Corte la parte inferior de las piezas para la cabeza con las tijeras dentadas. Coloque dichas piezas de manera que el borde inferior se superponga al borde superior de la pieza del cuerpo. Las piezas de la cabeza deben ser como imágenes reflejadas. Sujete con alfileres y cosa en zigzag para unirlas a las piezas del cuerpo. Si cose a mano, hágalo con un sobrehilado.

Paso 5

Sujete las alas al cuerpo hilvanándolas de manera que miren hacia el centro de la parte delantera. Hilvane las garras en la parte delantera del cuerpo, en la base, orientadas también hacia el centro. Hilvane la cola en el borde inferior de la pieza trasera del cuerpo.

Paso 6

En las dos piezas para la cabeza, doble los derechos de las pinzas juntos y cosa para cerrar. Disponga las piezas delantera y trasera del cuerpo con los derechos juntos y sujételas con alfileres. Cosa los lados y la cabeza, y deje la base abierta. Recorte el sobrante de las costuras.

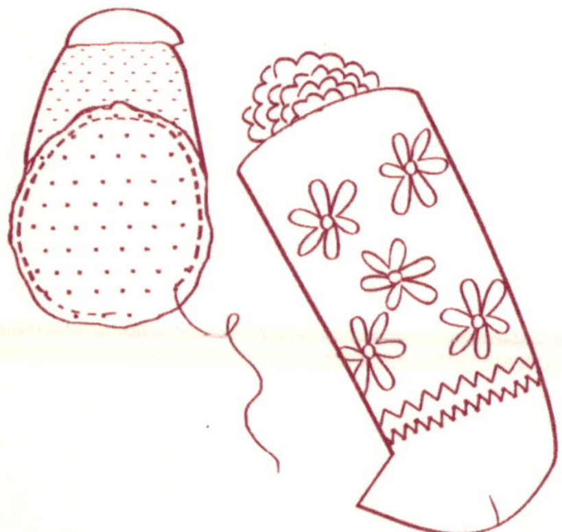

Paso 7

Sujete la pieza de la base a la del cuerpo con los derechos juntos. Cosa las piezas, pero deje una abertura de 4 cm en el punto donde se encuentran la cola y la base. Corte las costuras, dé la vuelta a la pieza y rellene con poliéster. Cosa a mano la abertura para cerrarla.

Paso 8

Doble el pico de fieltro de manera que coincidan los bordes curvados. Con el hilo de bordar a juego, cosa con puntada de escalera. Coloque el pico sobre la zona puntiaguda de la cabeza y cósalo. Disponga los círculos para los ojos debajo de los botones negros y cosa estos encima.

Más ideas

Tope para puerta

Amplíe el patrón en un 125 %. En el paso 5, llene la mitad inferior con algún material pesado, como arroz, maíz o judías, y la otra mitad con poliéster.

Soporte para mandos a distancia

Sujete una pieza de elástico de 2,5 × 11 cm al dorso del águila, entre las alas. Puede coser el elástico a mano o pegarlo durante el paso 5. ¡Precioso!

Martín pescador

La llamada del martín pescador se asemeja a una carcajada y por ello resulta popular en muchos lugares del mundo, pero en realidad es nativo de Australia. El martín pescador se distingue por su gran pico, su «máscara» y su larga cola. Fue una de las mascotas de los Juegos Olímpicos de Sídney 2000. Incluso existe una canción infantil sobre la característica «risa» de este pájaro.

La forma principal de este proyecto resulta sencilla de coser. La máscara se cose encima, con los bordes vivos expuestos, de manera que los hilos sueltos aportan un poco de textura a la cabeza redondeada. El pico se puede confeccionar con dos tonos de fieltro marrón para conseguir un aspecto realista, aunque puede utilizar otro color. El ala se dispone como una capa que aporta al martín pescador una apariencia robusta y majestuosa.

¡A coser!

Materiales

- Retales de tela de algodón en tonos del mismo color
- Máquina de coser (opcional), hilo a juego, tijeras
- Relleno de poliéster
- Aguja e hilo
- Fieltro de lana de 2 tonos del mismo color para el pico
- Fieltro de lana para la base
- Hilo de bordar a juego con el pico
- · 2 botones de 1,3 cm

Medidas del patrón

Altura: 24 cm

Anchura: 8 cm

Plantilla del patrón

Descargar aquí

bit.ly/1uJMVdu

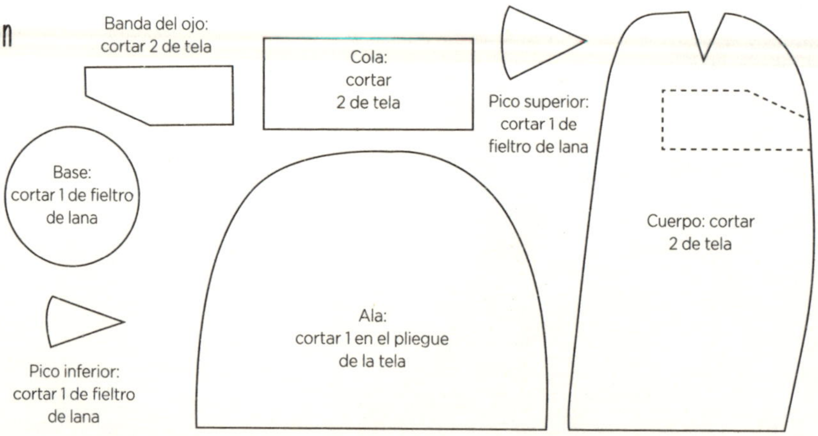

Reducido al 35% del tamaño real

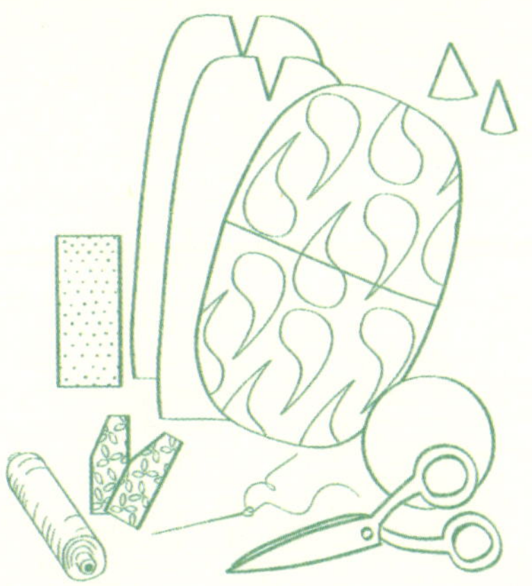

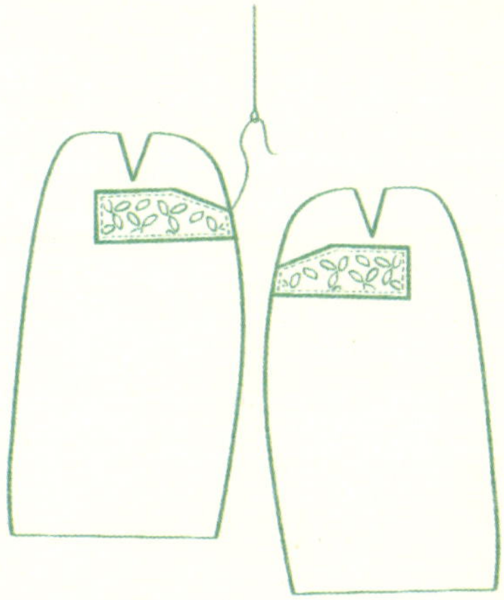

Paso 1

Corte todas las piezas del patrón tal como se indica.

Paso 2

Coloque una banda para los ojos, con el derecho de cara, en cada pieza del cuerpo. Sujételas con alfileres. Cosa las bandas con un sobrehilado lo más cercano posible al borde. Los bordes vivos quedarán expuestos y se deshilacharán un poco, lo que aportará cierta textura.

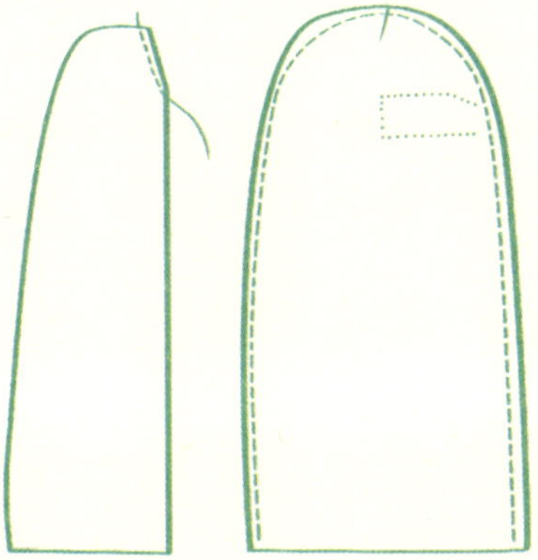

Paso 3

Para crear las pinzas en las piezas del cuerpo, doble juntos los derechos del triángulo de la parte superior de la cabeza y cósalos. Sujételos con alfileres y cosa juntos los derechos del cuerpo. Deje la base abierta.

Paso 4

Corte el sobrante de las costuras y dé la vuelta al cuerpo. Rellénelo. Haga un nudo en un extremo de un hilo. Cosa la base con puntada corrida a unos 6 mm del orillo. Tire del hilo con cuidado para fruncir la base y anude para asegurar el cierre.

Paso 5

Cosa tres lados de las piezas de la cola con los derechos juntos; deje un extremo corto abierto para dar la vuelta a la pieza. Recorte las costuras y dé la vuelta a la pieza. Alísela y cosa la cola con puntada vista para darle un efecto decorativo. Centre la cola en el borde curvado de la pieza del ala, señalando hacia el centro. Hilvánela.

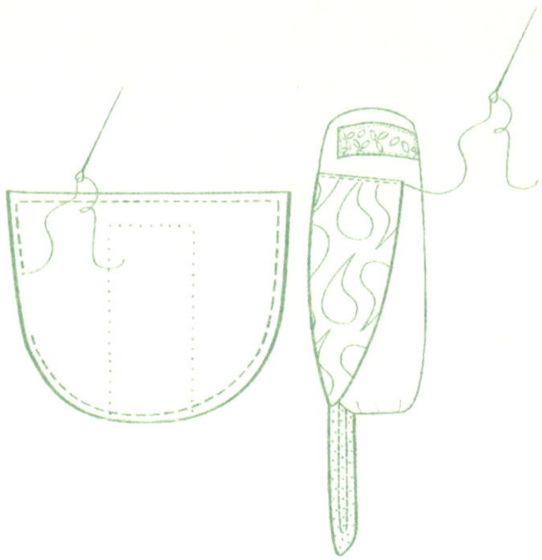

Paso 6

Doble la pieza del ala con los derechos juntos y sujete con alfileres. Cosa siguiendo la curva y deje una abertura de 5 cm para darle la vuelta. Recorte las costuras y dé la vuelta a la pieza. Alise y cosa con puntada vista el perímetro para cerrar la abertura. Cosa a mano el borde superior liso sobre el cuerpo.

Paso 7

Con el hilo de bordar, cosa los dos lados del pico con puntada de escalera. El lado más grande se curvará hacia arriba cuando lo cosa al pico inferior. Cosa el pico al cuerpo en el punto donde se unen las bandas de los ojos. Cosa los botones para los ojos.

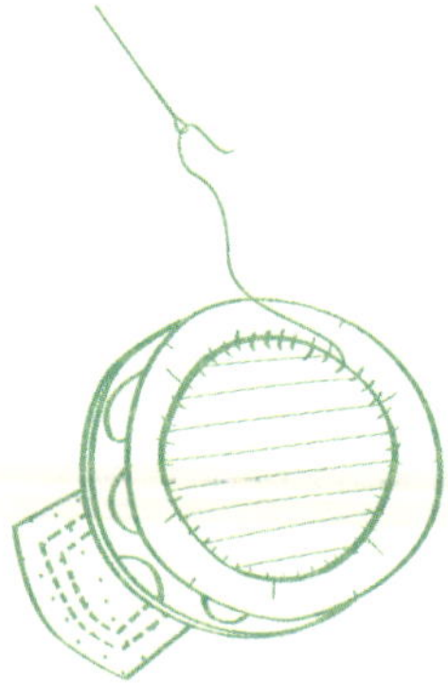

Paso 8

Con hilo de bordar, utilice puntada de escalera o de festón para sujetar la base de la parte inferior del cuerpo y cubra con ella la tela que se ha fruncido en el paso 4.

Más ideas

Sujetalápices

El martín pescador se aguantará perfectamente en un escritorio o una estantería si, en el paso 4, la parte inferior se rellena con un poco de arroz o legumbres secas. Utilice una pieza de fieltro de lana para añadir un pequeño bolsillo de 5 × 7,5 cm. En el paso 6, después de hilvanar el ala y antes de coserla al cuerpo, centre el bolsillo aproximadamente a 2,5 cm por encima de la cola. Sujete con alfileres y cosa los tres lados para asegurar el bolsillo. Cosa el ala como se indica en el paso 6.

Ambientador para coche

En el paso 4, rellene la cabeza del martín pescador con relleno de poliéster y el centro con un popurrí de algún aroma intenso. Acabe de rellenar con poliéster y cierre el cuerpo como se indica. Cuando termine el martín pescador, cosa a mano una pieza de elástico de 20 cm en la parte superior de la cabeza.

Azulejo

Ver a un precioso azulejo en un bosque representa una señal inequívoca de que la primavera se encuentra en pleno apogeo. Los azulejos ayudan mucho en el jardín porque comen insectos que forman plagas. Además, aparecen como símbolo de felicidad y alegría en muchas canciones y poemas. Su forma sencilla y sus bonitos colores los convierten en un pequeño gran proyecto de costura.

Las telas de algodón de peso similar constituyen la mejor opción para este pajarito. El ala puede sustituirse con un tejido ligero de pana o denim para aportar más textura e interés. Un fieltro de lana resistente para el pico garantizará una bonita forma; el esfuerzo extra merece la pena. Gran parte de este proyecto se confecciona con máquina de coser (si lo prefiere, puede hacerlo a mano), pero el abdomen fruncido y el bordado para los ojos se cosen a mano.

¡A coser!

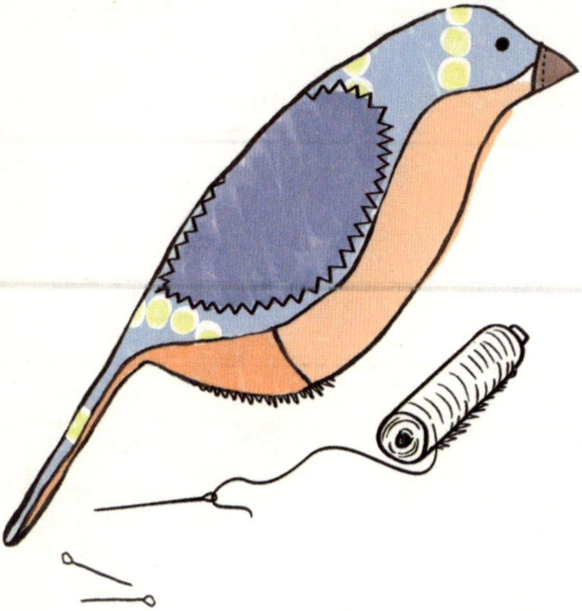

Materiales

- 4 retales de tela, de 2 tonos de 2 colores distintos
- Máquina de coser (opcional), hilo a juego, tijeras
- Aguja e hilo
- Una pieza pequeña de fieltro de lana oscuro
- Hilo de bordar a juego con el fieltro
- Relleno de poliéster

Medidas del patrón

Longitud: 16 cm
Anchura: 5 cm

Plantilla del patrón

Descargar aquí

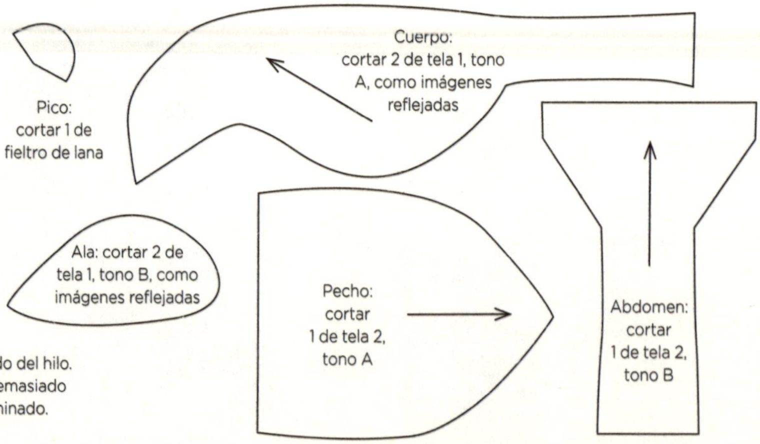

Estas flechas representan el sentido del hilo. Esto es para evitar que se estire demasiado cuando se rellena el pájaro ya terminado.

bit.ly/1oxJ9j6

Reducido al 50 % del tamaño real

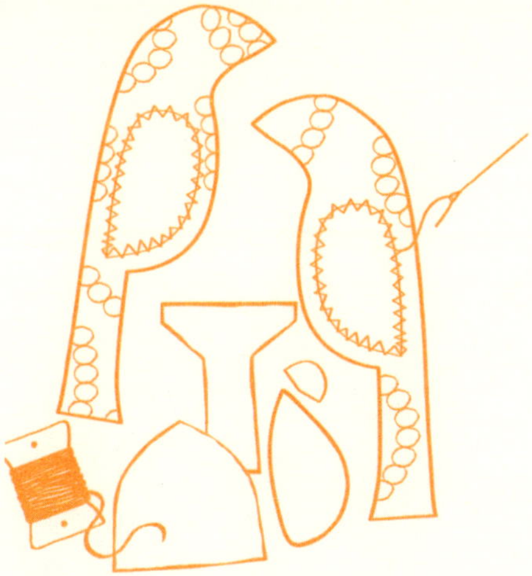

Paso 1

Calque las piezas del patrón sobre la tela. Siga las indicaciones para cortarlas. Con los derechos hacia arriba, coloque las alas sobre las piezas del cuerpo utilizando estas últimas a modo de guía; cósalas con puntada en zigzag. Si cose a mano, hágalo con un sobrehilado.

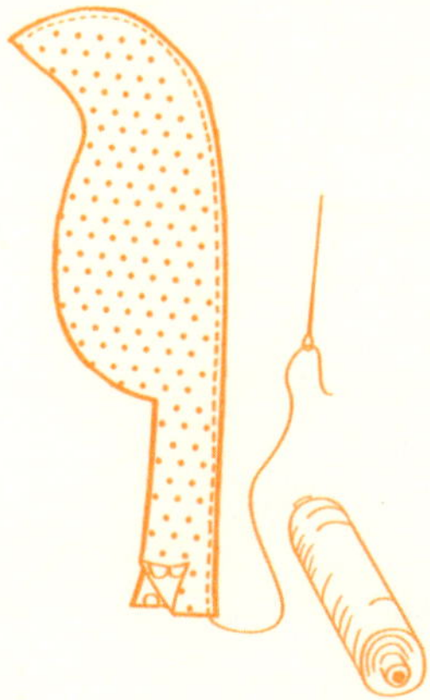

Paso 2

Junte las dos piezas del cuerpo con los derechos mirándose. Con hilo a juego, cosa el borde superior curvado con un margen de costura de 6 mm o menos. No cosa todo el pájaro hasta la punta; quédese a 6 mm e hilvane. Presione la costura con un dedo.

Paso 3

Junte las piezas del pecho y el abdomen. Verá que el pecho es más ancho que el abdomen. Cosa uno de los lados, con un margen aproximado de 1,3 cm, y deje el hueco del centro abierto. Presione la costura con un dedo.

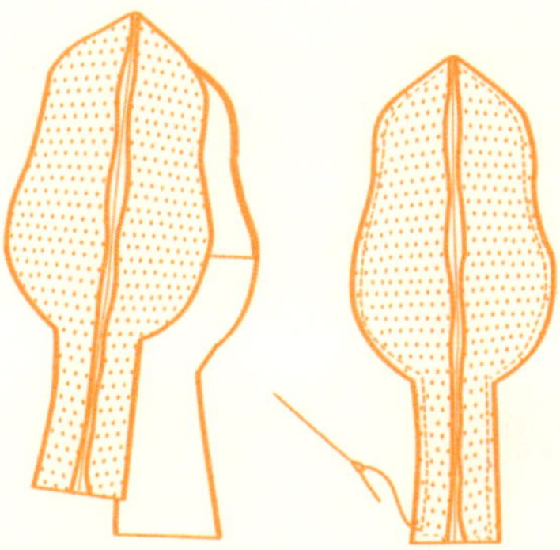

Paso 4

Abra las piezas del cuerpo. Empiece por el extremo en punta y sujete con alfileres el pecho y el estómago a la pieza del cuerpo. Cósalos con la parte del cuerpo hacia arriba empezando por la punta y recorriendo todo el perímetro. Corte las costuras de manera que solo queden 3 mm.

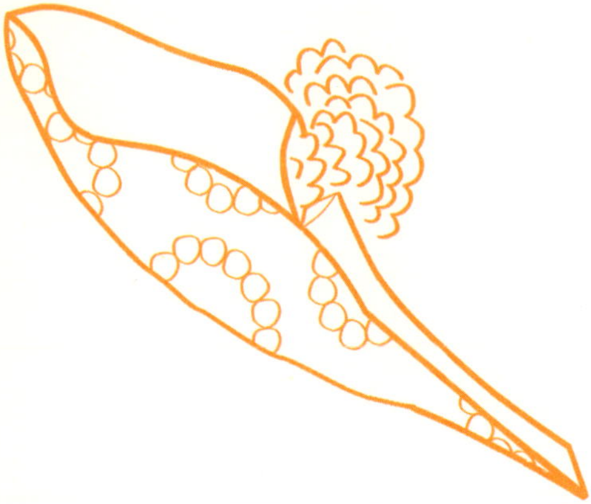

Paso 5

Dé la vuelta a la pieza y saque las esquinas con cuidado. Rellene poco a poco hasta completar toda la pieza. Doble los orillos de las piezas del pecho y el abdomen de manera que coincidan con las costuras.

Paso 6

Con aguja e hilo, realice una costura en punto corrido en la pieza del pecho de modo que atraviese las dos capas de tela doblada. Tire ligeramente de los hilos para fruncir la tela hasta que coincida con el lado del abdomen. Anude el hilo y utilice el resto para coser la abertura.

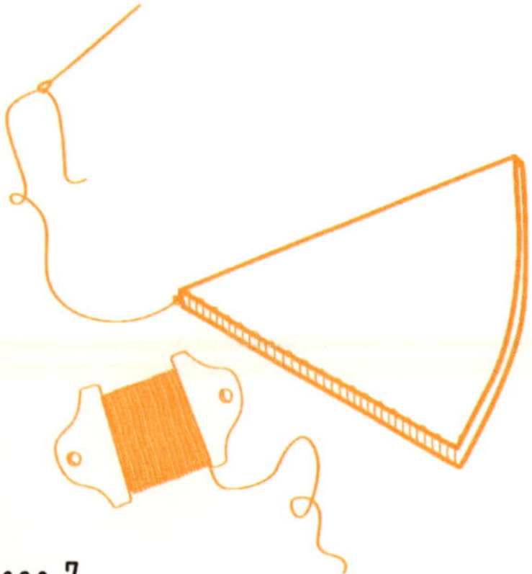

Paso 7

Doble el fieltro por la mitad de manera que se forme un cono. Empezando por la abertura ancha, cosa con puntadas de escalera muy pequeñas para cerrar el cono. Asegure el hilo al final con un nudo. Con la aguja, pase el resto del hilo a través de la punta y sáquelo por el extremo abierto.

Paso 8

Sujete el pico a la tela con puntada de escalera. Pase la aguja a través del cuerpo y sáquela en el punto donde desee situar el ojo. Cosa el ojo con puntada satinada y después pase la aguja al otro lado y cosa el otro.

Más ideas

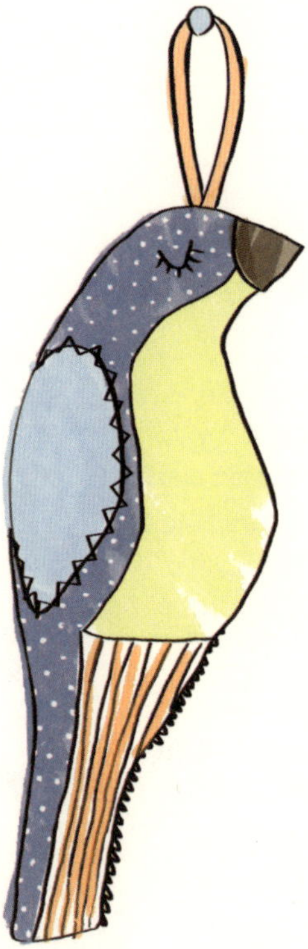

Adorno

Añada una cuerda de 25,5 cm, una cinta ondulada fina o una lisa a la costura de las piezas del cuerpo para crear un adorno. Añada la cuerda en el paso 2. Si confecciona 6 o 9 adornos de este tipo, podrá crear un encantador y original móvil para la habitación de un bebé.

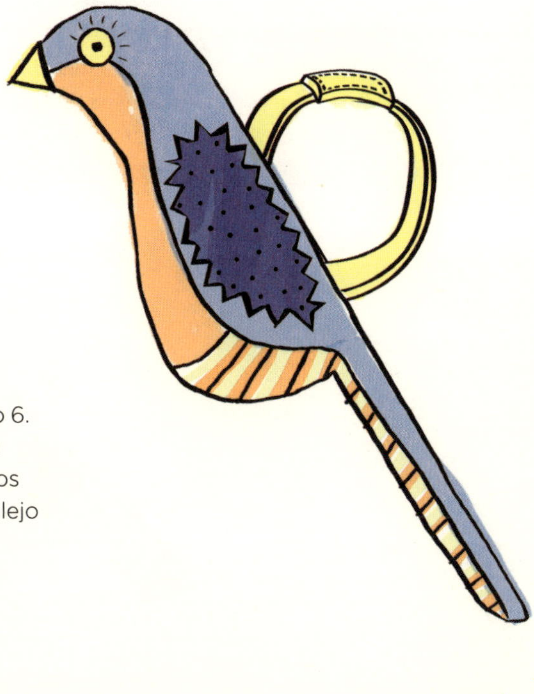

Sonajero

El azulejo tiene el tamaño perfecto para un sonajero. En el paso 5, cuando rellene el muñeco, añada un cascabel con el relleno y cierre el pájaro tal como se indica en el paso 6. Confeccione una cinta de tela de 2,5 × 18 cm cuando termine. Añada 2,5 cm de velcro en los extremos de la cinta. Cósala a la base del azulejo de manera que se pueda cerrar en torno a la muñeca de un bebé.

Cardenal

La visión de un cardenal, con su rojo intenso, en medio del invierno puede hacer que le dé un vuelco el corazón y que desee que llegue el sol de primavera. Aunque no es nada raro ver cardenales, el intenso color rojo de los machos hace que sean aves especiales. Además, su canto es muy bonito y fácilmente identificable.

La cabeza puntiaguda y el rojo intenso del cardenal hacen que este sea un maravilloso proyecto de costura. Este muñeco, en concreto, recuerda a un rollizo cardenal de invierno que acaba de atiborrarse de semillas de un comedero. Pruebe a mezclar diferentes retales rojos para enriquecer el proyecto. Las alas de fieltro son opcionales, pero aportan una bonita textura. Puede añadir algunos puntos de cruz o un bordado si desea que su pájaro resulte definitivamente especial.

¡A coser!

Materiales

- Retales de algodón en tonos de 1 color
- Fieltro de lana en 2 colores
- Tira de franela
- Máquina de coser (opcional), hilo a juego, tijeras
- Palillo chino para girar la tela
- Relleno de poliéster
- Hilo de bordar a juego y aguja
- Botones de 6 mm

Medidas del patrón

Altura: 9 cm
Longitud: 14 cm

Plantilla del patrón

Descargar aquí

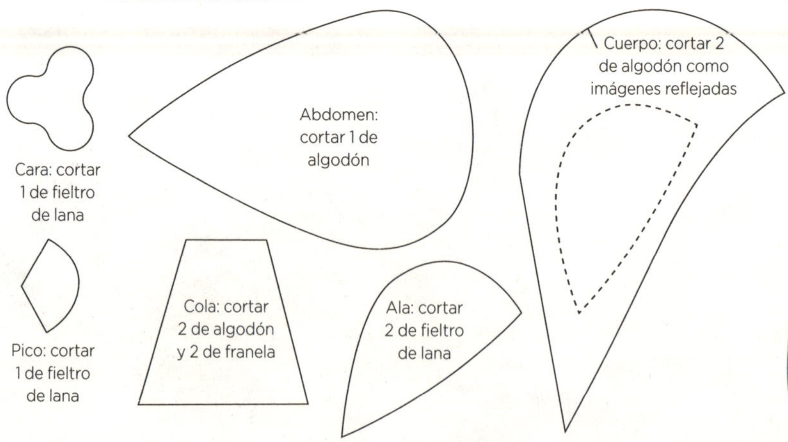

bit.ly/1I7wC59

Reducido al 55 % del tamaño real

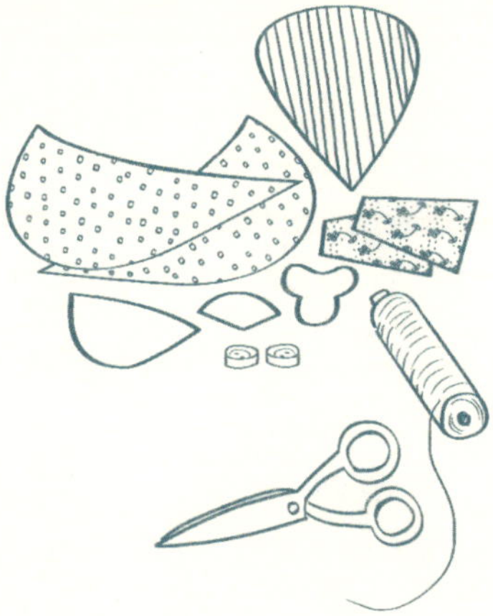

Paso 1

Corte las piezas del patrón tal como se indica. Asegúrese de cortar las piezas del cuerpo como imágenes reflejadas.

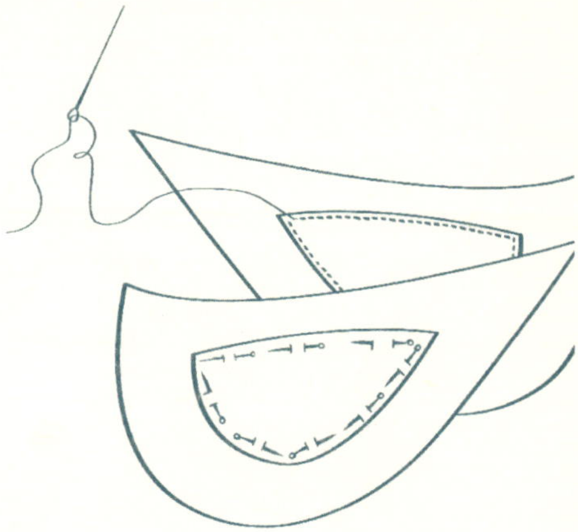

Paso 2

Sujete con alfileres y cosa las alas al cuerpo siguiendo la indicación de ubicación del patrón.

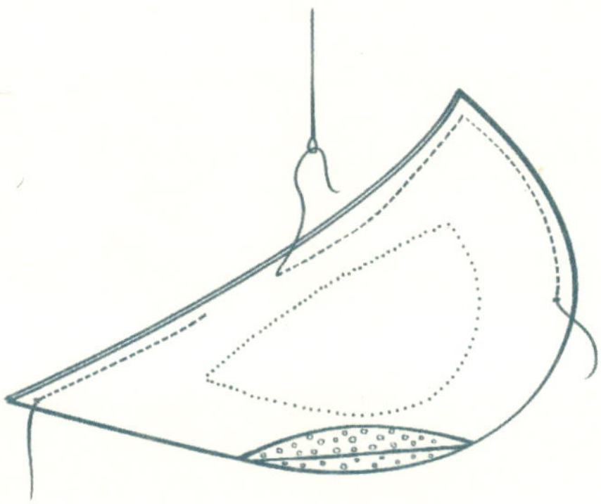

Paso 3

Cosa las piezas del cuerpo con los derechos juntos desde la punta de la cola hasta el punto marcado por la línea de la pieza del patrón. Deje un hueco de 5 cm en el dorso para dar la vuelta a la tela. Recorte las costuras y las esquinas.

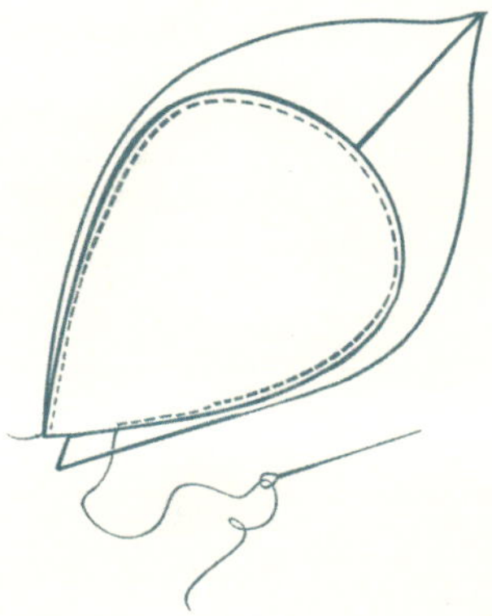

Paso 4

Abra el extremo inferior y sujete el abdomen con alfileres en torno a la abertura con los derechos juntos. Puede marcar el centro de la pieza del abdomen para que el cardenal no se tuerza. Cosa el abdomen sobre la pieza del cuerpo.

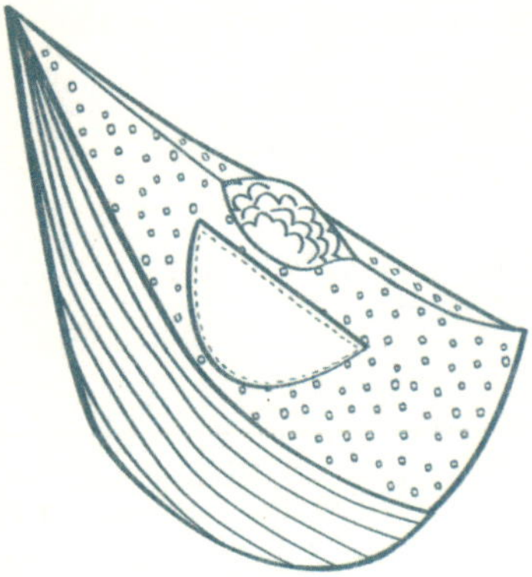

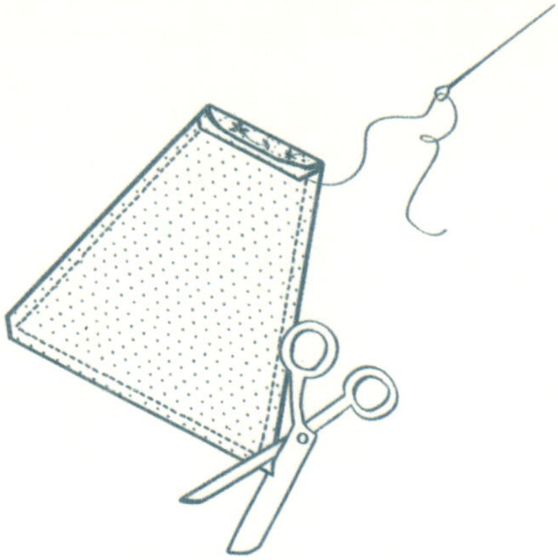

Paso 5

Recorte las costuras y dé la vuelta a la pieza. Saque la punta de la cabeza con un palillo chino. Rellene con poliéster y cosa la abertura con puntada de escalera o puntada ciega.

Paso 6

Coloque las piezas de franela de la cola detrás de las de algodón. Sujete con alfileres y cosa las piezas de la cola con los derechos juntos; deje abierto el extremo corto y recto. Recorte las costuras y dé la vuelta a la pieza. Saque las esquinas con el palillo chino. Meta los orillos vivos y alíselos.

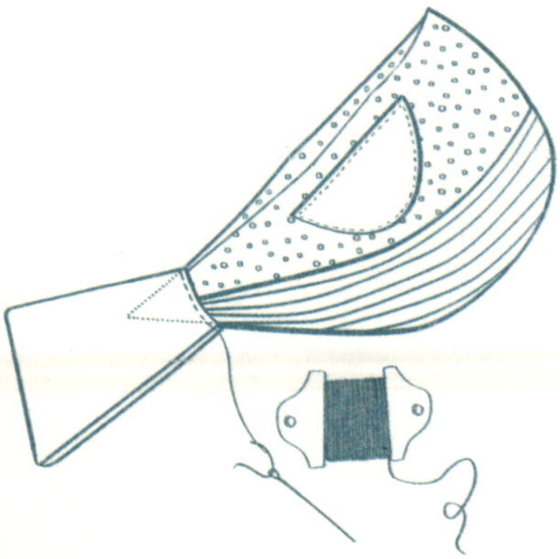

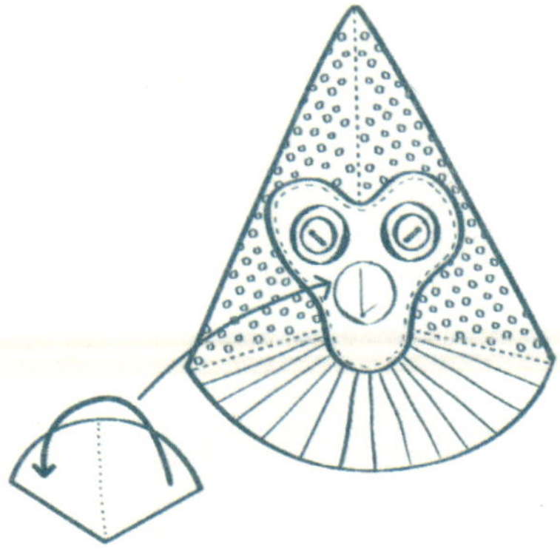

Paso 7

Introduzca el extremo puntiagudo del cuerpo en la cola y sujete con alfileres. Cosa a mano la cola y el cuerpo juntos con hilo de bordar.

Paso 8

Doble el pico por la mitad de manera que los bordes rectos queden alineados. Cósalo con puntada de escalera e hilo de bordar a juego. Cosa el pico centrado sobre la pieza de la cara y esta en el cuerpo con hilo de bordar. Por último, cosa los botones de los ojos.

Más ideas

Adorno navideño

Sujete una cuerda o una cinta ondulada fina en la parte superior del cardenal para colgarlo en el árbol de Navidad. Quedará precioso si borda en un ala la cifra del nuevo año.

Sujetatarjetas

En el paso 2, cuando cosa las alas al cuerpo, deje el borde superior de una de ellas sin coser. Cuando cosa y rellene el pájaro, esa ala se convertirá en un bolsillo en el que podrá guardar tarjetas de visita u otras tarjetas de tamaño reducido.

Pájaro carpintero

Me encanta escuchar el golpeteo del pájaro carpintero cuando salgo a pasear o recojo hojas en el jardín. Imagine su belleza, sus vivos colores, su incansable trabajo. Los pájaros carpinteros son muy peculiares, y por eso resulta especial cada ocasión en la que se puede contemplar a uno de ellos.

Los colores intensos del pájaro carpintero, así como su pico robusto, hacen que este sea un proyecto muy divertido, además de rápido y sencillo (incluso para principiantes). Yo decidí confeccionar un pájaro carpintero con cresta, pero puede modificar fácilmente el patrón para crear otros tipos, como el pito de Tickell, el pico de marfil o el de vientre rojo.

Busque entre sus retales estampados divertidos en negro y corone este ejemplar con un capuchón de un rojo intenso. Pruebe a mezclar algunas texturas, como una tela decorativa ligera o incluso una loneta o pana para el abdomen. Este pequeño carpintero se convertirá en otro gran protagonista de su colección de pájaros.

¡A coser!

Materiales

- 3 retales de tela de algodón, 2 estampados y 1 liso
- Máquina de coser (opcional), hilo a juego, tijeras
- Palillo chino para girar la tela
- Relleno de poliéster
- Aguja e hilo
- Fieltro de lana en 2 colores
- Hilo de bordar a juego con los retales de fieltro y aguja
- 2 botones de 6 mm

Medidas del patrón

Longitud: 22 cm
Anchura: 4,5 cm

Plantilla del patrón

Descargar aquí

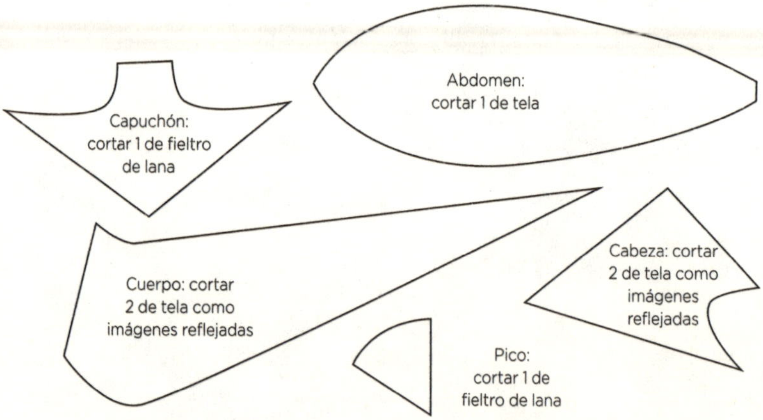

bit.ly/1saat77

Reducido al 50 % del tamaño real

Paso 1

Corte las piezas del patrón siguiendo las indicaciones. Asegúrese de cortar las piezas del cuerpo y la cabeza como imágenes reflejadas.

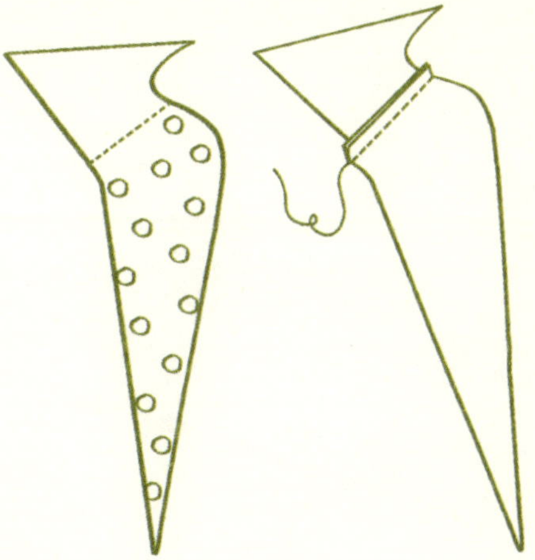

Paso 2

Con los derechos juntos, cosa las piezas de la cabeza a las del cuerpo. Alise las costuras.

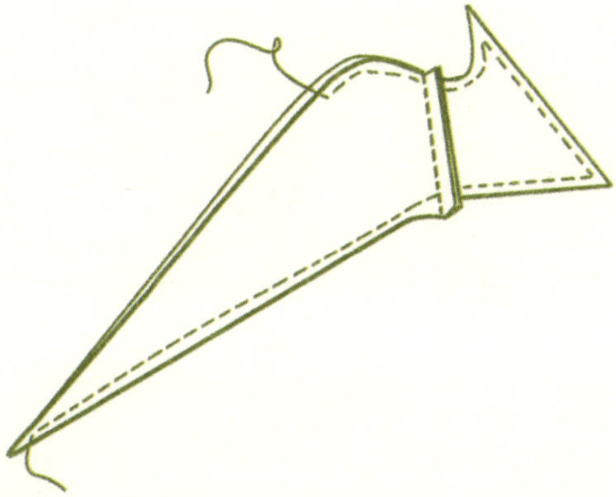

Paso 3

Sujete con alfileres y cosa las piezas del cuerpo con los derechos juntos siguiendo la línea indicada en el patrón, rodeando la cabeza y continuando hasta la parte posterior.

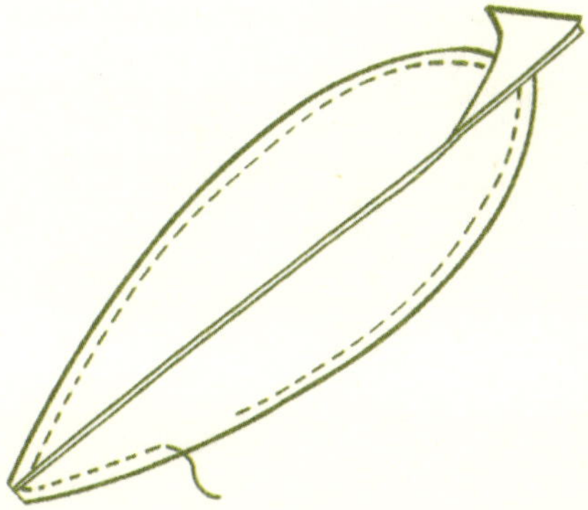

Paso 4

Sujete con alfileres el abdomen a la pieza del cuerpo con los derechos juntos. La parte superior curvada de la pieza del estómago debe quedar alineada con la costura junto a la cabeza. Cosa el abdomen y el cuerpo juntos dejando un hueco de 5 cm para dar la vuelta a la pieza.

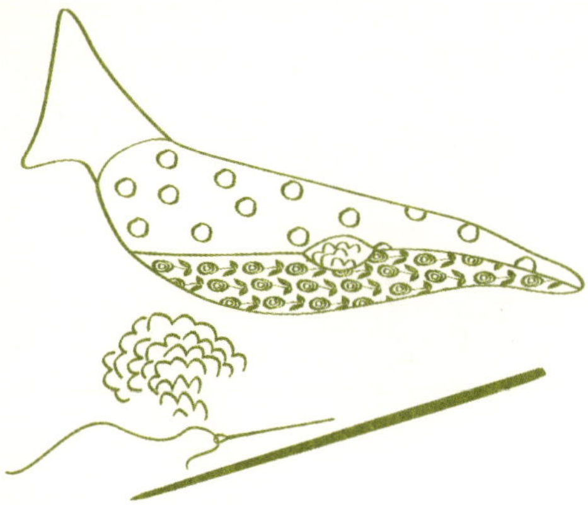

Paso 5

Recorte las esquinas y las costuras. Dé la vuelta a la pieza y saque el pico, la cabeza y la cola con la ayuda de un palillo chino. Rellene con poliéster y cosa la abertura con puntada de escalera.

Paso 6

Doble el capuchón de fieltro para formar un triángulo. Con el hilo de bordar a juego, y empezando por la punta, cosa el capuchón con puntada de escalera. Deje el extremo largo del hilo. Repita la operación con el pico y el hilo de bordar a juego.

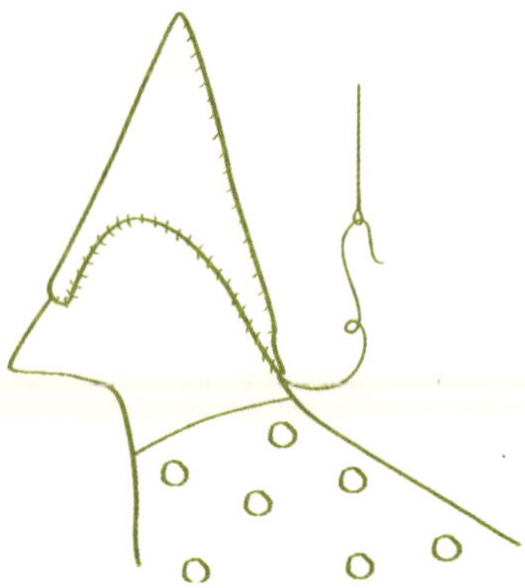

Paso 7

Ajuste el capuchón sobre la cabeza puntiaguda del pájaro. Con el extremo largo del hilo del paso anterior, cosa el capuchón al cuerpo con puntada de escalera.

Paso 8

Ajuste el pico sobre el cuerpo. Con el extremo del hilo de coser el pico en el paso 6, cósalo al cuerpo con puntada de escalera. En el punto donde se encuentran el capuchón y el pico, tire de ambos ligeramente con el hilo. Cosa los botones.

Más ideas

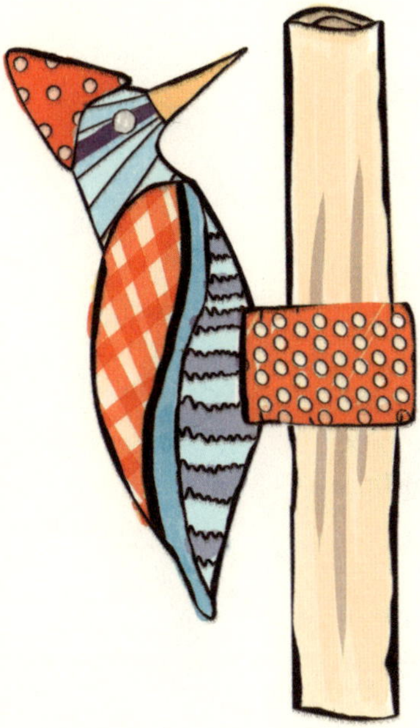

Servilletero

Convierta su pájaro carpintero en un servilletero sujetándolo a un sencillo cilindro de tela. Mida una pieza de tela de 7,5 × 15 cm. Doble los derechos juntos a lo largo para crear un cilindro. Sujételos con alfileres y cósalos, pero deje los extremos cortos abiertos. Dé la vuelta a la pieza y alísela. Doble un orillo hacia abajo y alíselo. Introduzca el orillo en el borde doblado y sujete con alfileres. Cosa a mano el cilindro al estómago del pájaro y cierre la abertura al mismo tiempo. Introduzca una servilleta a través del aro y tendrá una mesa encantadora.

Imán para la nevera

Pegue un imán potente en un lado del pájaro para crear un divertido imán para la nevera.

Gaviota

Sea cual sea la costa que visite, en California, España o Francia, lo más probable es que vea gaviotas. Estas aves costeras, fuertes y bonitas, viven en todo el planeta, y mucha gente las asocia con unas vacaciones en la playa. La amplitud de sus alas, sus colores intensos y su pico amarillo las convierten en pájaros fáciles de identificar y admirar.

Esta versión de la gaviota es adorable y robusta. Se requiere algo de equilibrio para que el pájaro se mantenga sobre sus patas de alambre, pero con práctica lo conseguirá. Por suerte, queda tan bonito sentado como de pie. Experimente con telas con textura para la pieza del abdomen, como una pana ligera de algodón o un lino.

¡A coser!

Materiales

- Retales de tela de algodón en 2 colores
- Máquina de coser (opcional), hilo a juego, tijeras
- Retal de guata de algodón o franela
- Relleno de poliéster
- 16,5 cm de alambre revestido y flexible
- Hilo de bordar a juego y aguja
- Pegamento
- Retales de fieltro de lana
- 2 botones de 1,3 cm

Medidas del patrón

Longitud: 21 cm
Anchura: 9 cm

Plantilla del patrón

Descargar aquí

bit.ly/1odJI4c

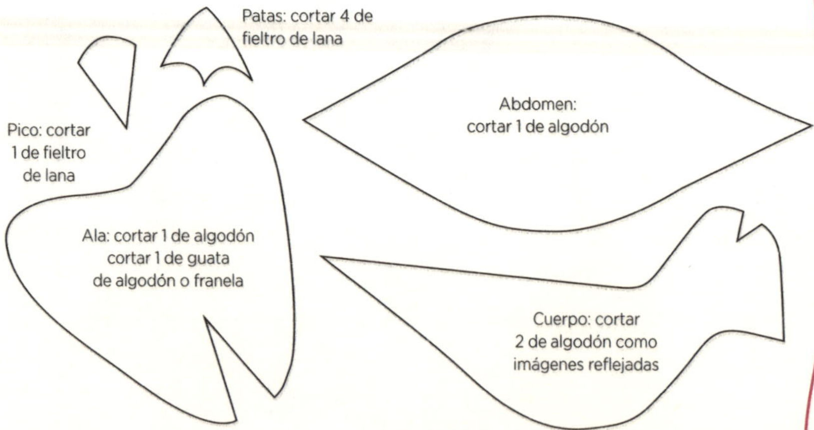

Reducido al 30 % del tamaño real

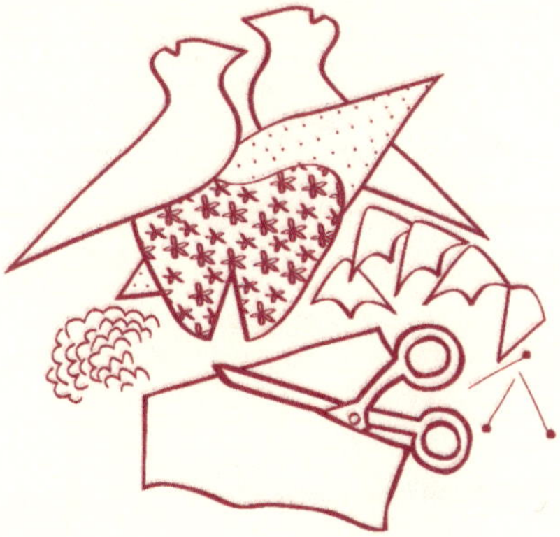

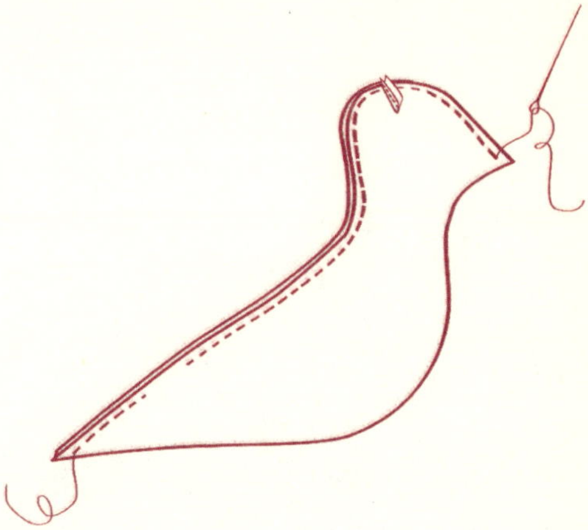

Paso 1

Corte todas las piezas del patrón tal como se indica. Asegúrese de cortar las piezas del cuerpo como imágenes reflejadas.

Paso 2

Cosa las pinzas en las piezas del cuerpo doblando el triángulo recortado en la cabeza, con los derechos juntos. Empezando por el extremo puntiagudo, cosa siguiendo el dorso hasta el punto en el que estará el pico. Deje una abertura de 5 cm para dar la vuelta a la pieza.

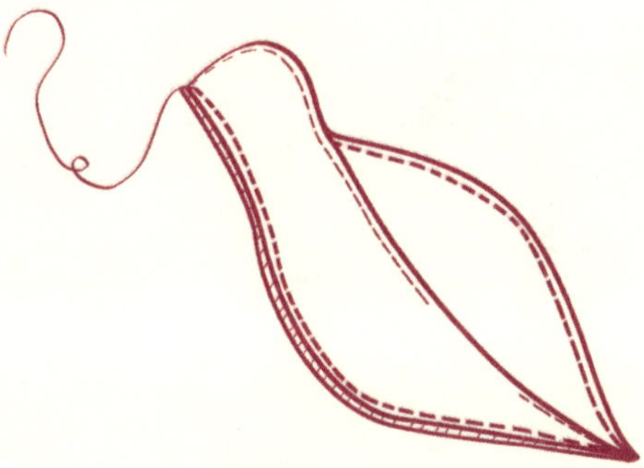

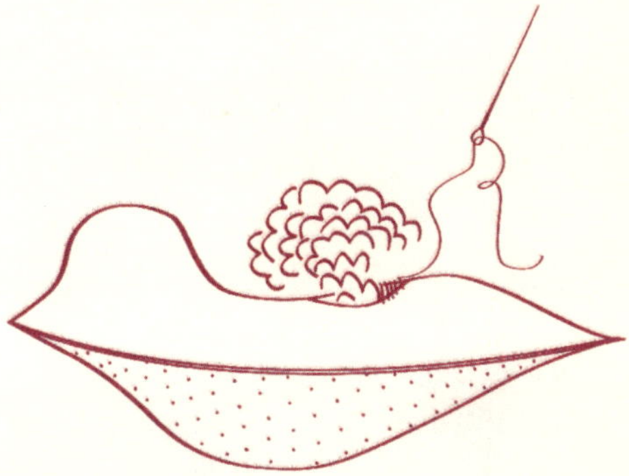

Paso 3

Abra la pieza del cuerpo y sujétela con alfileres, con los derechos juntos, a la pieza del abdomen. Cosa todo el perímetro de este. Si trabaja en el lado del cuerpo, resultará más sencillo conseguir un buen ajuste.

Paso 4

Recorte las costuras y las esquinas. Dé la vuelta a la pieza y rellene con poliéster. Cosa la abertura con puntada de escalera. Esta costura quedará cubierta con el ala, por lo que no es necesario que sea perfecta.

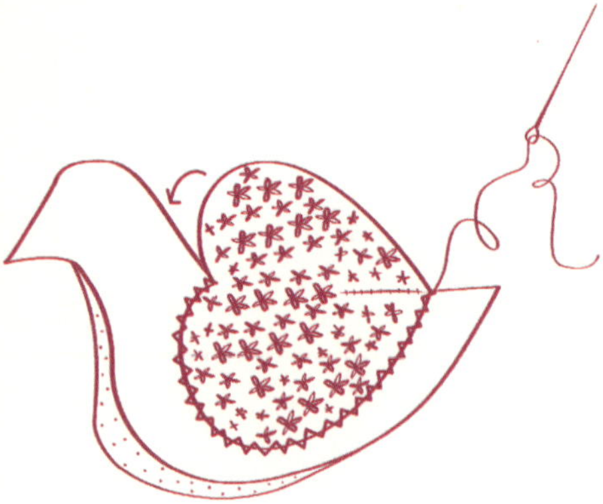

Paso 5

Coloque la pieza del ala sobre la pieza de guata o franela correspondiente. Añada la pinza doblando los derechos juntos y cosa para cerrarla. Cosa todo el perímetro con puntada de zigzag lo más cerca posible del borde. Utilice un sobrehilado si cose a mano. Sujete el ala al cuerpo con alfileres y cósala a mano.

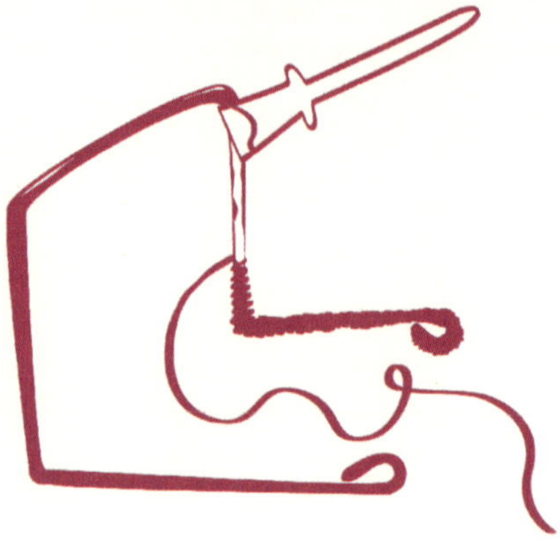

Paso 6

Doble el alambre en U y aplane la sección central. Doble los extremos hacia delante para formar las pezuñas. Aplique pegamento en un lado del alambre. Corte un hilo de bordar largo. Empezando en el punto donde se doblan las patas, enrolle el hilo en torno al alambre.

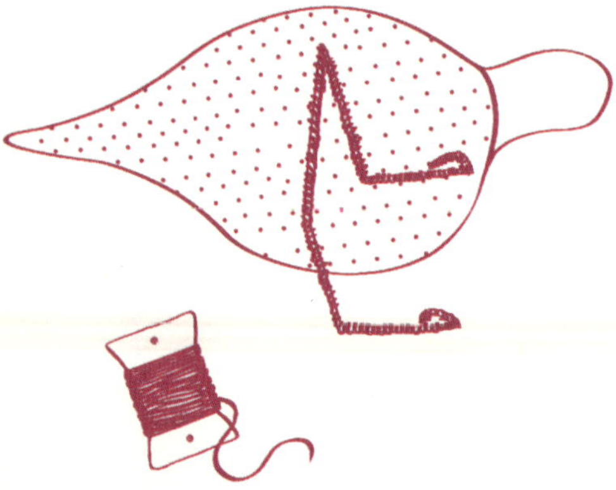

Paso 7

Cuando llegue a la sección central plana, utilice una aguja para sujetar el hilo al cuerpo con puntadas muy juntas. En la siguiente curva, aplique pegamento de nuevo en el alambre y enrolle el resto del hilo para cubrir el alambre hasta la siguiente curva.

Paso 8

Cosa las patas de fieltro dejando la parte posterior abierta. Aplique unas gotas de pegamento en los extremos del alambre e introdúzcalos en las patas. Doble los bordes rectos del pico y cósalos con puntada de escalera. Coloque el pico en su lugar. Disponga dos círculos de fieltro bajo los botones y cósalos en la cara.

Más ideas

Banderines de gaviotas

Utilice la plantilla de la página 120 para cortar una versión plana del cuerpo y el ala de la gaviota. Use la pieza del patrón para la cabeza y corte dos de algodón acolchado y una de guata de algodón. Corte una pieza para el ala (o dos si quiere que su gaviota tenga dos lados). Cosa con puntada de zigzag el ala en su lugar correspondiente, en una de las piezas de algodón del cuerpo, con la guata situada por detrás. Utilice un sobrehilado si cose a mano. Cosa las piezas de algodón del cuerpo con los derechos juntos y deje una abertura de 6,5 cm en la parte inferior. Dé la vuelta a la pieza, saque el pico y alise. Cosa la abertura con puntada ciega. Confeccione el pico tal como se indica en el paso 8 y sujételo al cuerpo. Prepare varias gaviotas y cósalas a mano a una cuerda para crear banderines.

Sujetalibros

Para convertir la gaviota en un elegante sujetalibros con aire playero, incremente el tamaño en un 125%. Rellene gran parte de la gaviota con arroz y termine la cabeza con poliéster en el paso 4. Acabe el pájaro como se indica y colóquelo en una estantería.

Pollito

Los pollitos son crías de aves que tienen un encanto especial. No es necesario que los muñecos de pollitos sean amarillos. Su forma es tan característica que aunque utilice todos los colores del arcoíris seguirá resultando obvio que se trata de un pollito. Puede utilizar pollitos multicolores como adornos en diversas ocasiones especiales o simplemente para añadir un toque decorativo primaveral y artesanal.

El fieltro de lana de la base aporta más resistencia y un aspecto encantador, aunque lo puede sustituir por tela de algodón o franela. Pruebe a dar peso a la base con arroz o maíz para que resulte todavía más resistente. Este proyecto es rápido y sencillo de hacer: después del primero, seguro que confeccionará muchos más.

¡A coser!

Materiales

- Retales de tela de algodón en 2 colores
- Fieltro de lana
- Máquina de coser (opcional), hilo a juego, tijeras
- Hilo de bordar a juego y aguja
- Relleno de poliéster
- 2 botones pequeños

Medidas del patrón

Altura: 11,5 cm
Anchura: 6 cm

Plantilla del patrón

Descargar aquí

bit.ly/1noF17A

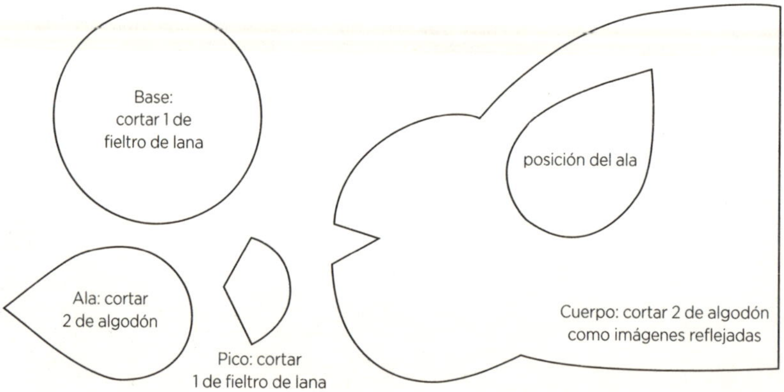

Reducido al 50 % del tamaño real

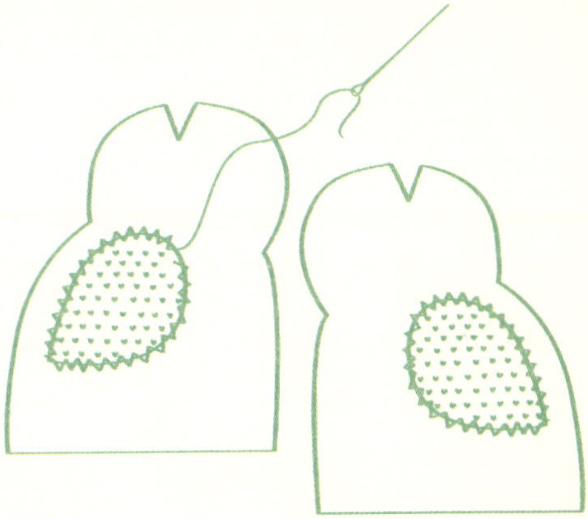

Paso 1

Corte las piezas del patrón siguiendo las indicaciones. Asegúrese de cortar las piezas del cuerpo como imágenes reflejadas.

Paso 2

Utilice las piezas del patrón a modo de guía para la ubicación del ala. Cosa las alas sobre las piezas del cuerpo con puntada recta o en zigzag. Si cose a mano, hágalo con un sobrehilado.

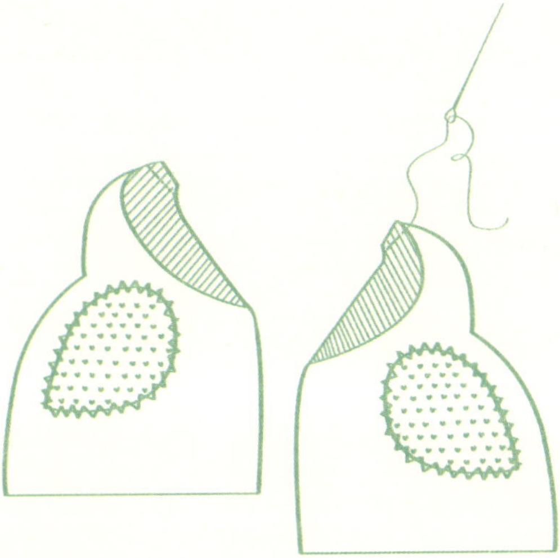

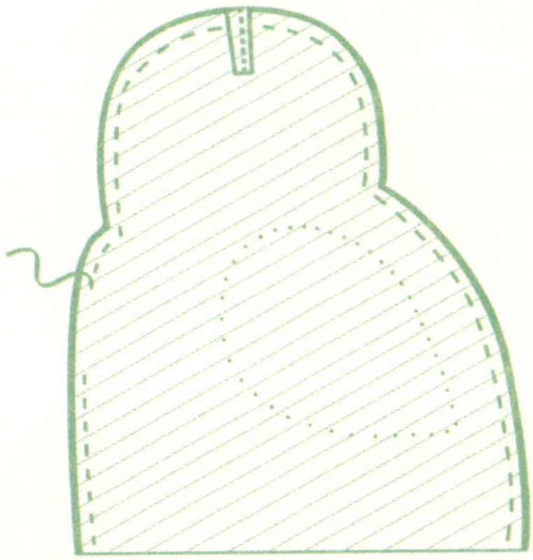

Paso 3

Para las pinzas, doble las aberturas triangulares de la parte superior de las piezas del cuerpo, con los derechos juntos, y cósalas para cerrarlas.

Paso 4

Sujete las piezas del cuerpo con alfileres, con los derechos juntos, y cosa todo el perímetro. Deje una abertura de 5 cm en el lado para dar la vuelta a la pieza, y la parte inferior también abierta. Presione las costuras con un dedo y recórtelas.

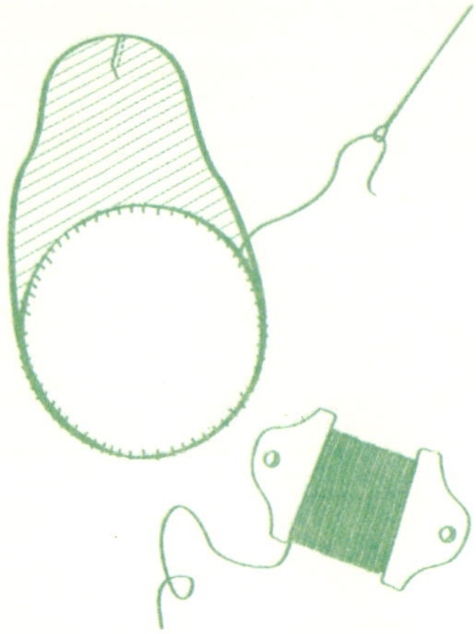

Paso 5

Con el hilo de bordar, cosa el círculo de fieltro al cuerpo con puntada de escalera. También puede hacerlo con máquina de coser.

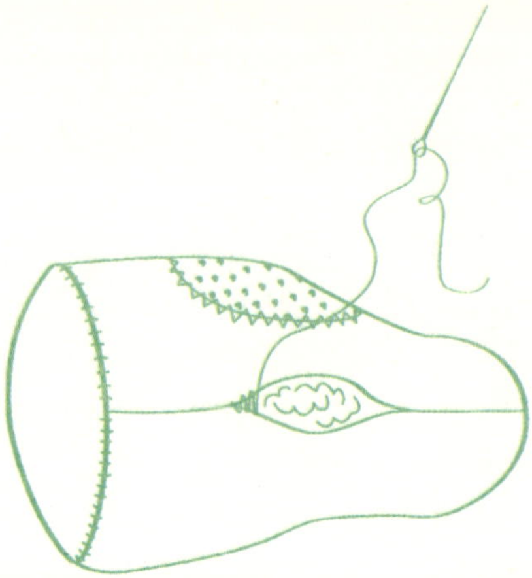

Paso 6

Dé la vuelta a la pieza a través de la abertura. Rellénela con poliéster. Cierre la abertura con puntada ciega o puntadas de escalera muy pequeñas.

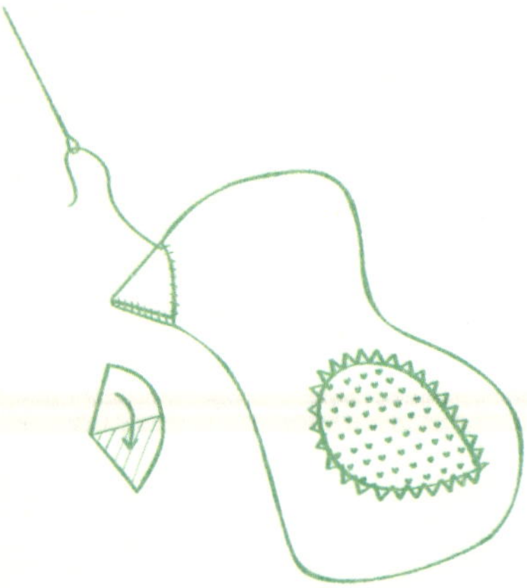

Paso 7

Doble los bordes rectos del pico de fieltro. Empezando por la punta, cosa con hilo de bordar y puntada de escalera. Utilice el resto del hilo para coser el pico al cuerpo.

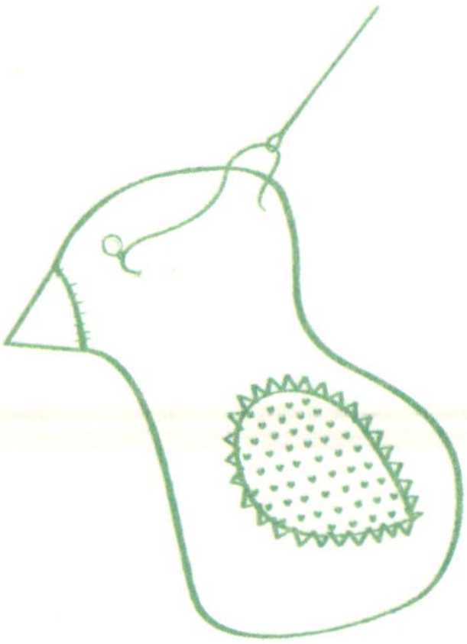

Paso 8

Cosa los botones para los ojos.

Más ideas

Funda para huevos

Corte cuatro piezas para el cuerpo, dos para el forro y dos para el exterior. Sujete las alas a las dos piezas exteriores. En el paso 3, cosa las pinzas en las cuatro piezas del cuerpo. En el paso 4, cosa las dos piezas exteriores del cuerpo y las dos del forro, pero deje una abertura de 5 cm en estas últimas. Dé la vuelta a las piezas exteriores del cuerpo. Introdúzcalas en las del forro y cosa los botones. Dé la vuelta a las piezas por la abertura del forro y ciérrela con puntada de escalera o con la máquina de coser. Empuje el forro dentro de la pieza exterior y coloque en su lugar el pico y los ojos.

Bolsita para pañuelos de papel

Cuando corte las piezas del cuerpo, coloque una pieza de tela doblada con la mitad de la altura por detrás de una de las piezas de tela. Corte la tela doblada junto con las piezas del patrón. No corte la pinza. Añada el ala únicamente a un lado; en el otro lado estará el bolsillo. Cosa las capas con los derechos juntos en todo su perímetro. Cierre el borde inferior y deje un hueco de 5 cm en un borde.

Dé la vuelta al muñeco y plánchelo. Cosa a mano la abertura para cerrarla. Prepare un triángulo para el pico y cósalo en su lugar, así como un ojo en el lado donde se encuentra el ala. Ya puede guardar un paquete de pañuelos de papel en el bolsillo del otro lado.

Petirrojo

Los petirrojos son pájaros muy queridos por su carácter alegre; su pecho, de un rojo intenso, y su aparición a principios de la primavera. Su presencia después de los fríos meses de invierno trae consigo la promesa de las flores primaverales y de un clima más suave. Los petirrojos son pájaros robustos y resistentes, y forman parte de algunas culturas populares; por ejemplo, se dice que el petirrojo desarrolló su pecho rojo al avivar las llamas de una hoguera para salvar la vida de un niño nativo americano y su padre.

Esta versión hecha con retales recuerda al petirrojo americano, pero se puede modificar fácilmente para que se parezca más a su pariente europeo. Este pájaro presenta un fuerte cuerpo de tela, un pecho de un rojo intenso, alas fruncidas, un bonito pico de fieltro y unos botones pequeños a modo de ojos. Se trata de un proyecto sencillo y rápido de crear. Confeccione varios muñecos durante los días más fríos del invierno a modo de recordatorio de que la primavera está a la vuelta de la esquina.

¡A coser!

Materiales

- Retales de tela en 3 colores
- Máquina de coser (opcional), hilo a juego, tijeras
- Palillo chino para girar la tela
- Relleno de poliéster
- Aguja e hilo
- Hilo de bordar a juego con las alas y el pico, y aguja
- Retal de fieltro de lana
- 2 botones de 1,3 cm o más pequeños

Medidas del patrón

Altura: 12 cm
Anchura: 8 cm

Plantilla del patrón

Descargar aquí

bit.ly/1hCpdGX

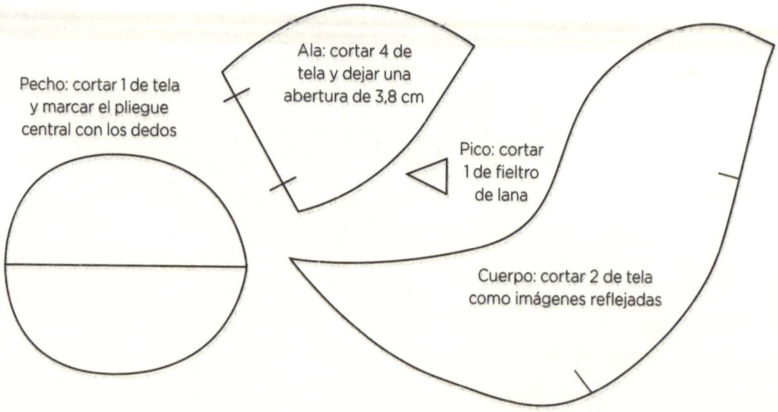

Reducido al 40 % del tamaño real

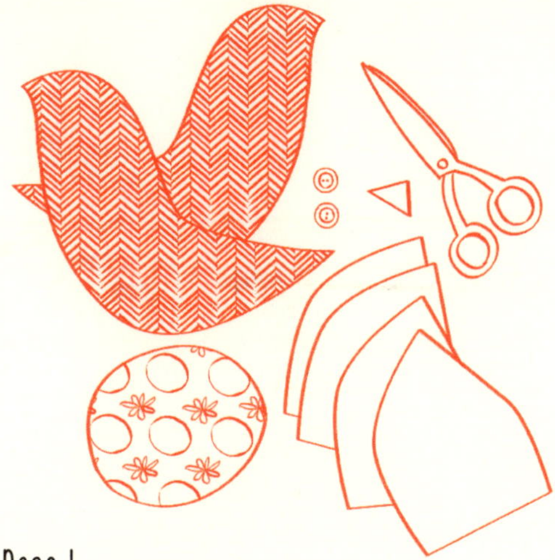

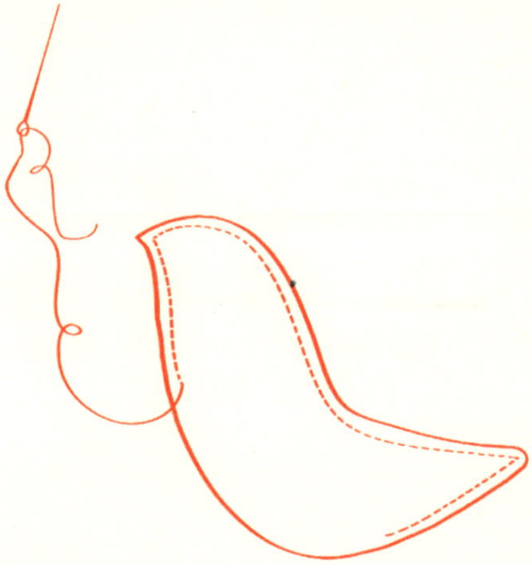

Paso 1

Corte todas las piezas del patrón siguiendo las indicaciones. Asegúrese de cortar las piezas del cuerpo como imágenes reflejadas.

Paso 2

Coloque las dos piezas del cuerpo con los derechos juntos y cosa todo el perímetro. Deje un hueco, tal como se indica en la pieza del patrón. Recorte las costuras y los extremos puntiagudos.

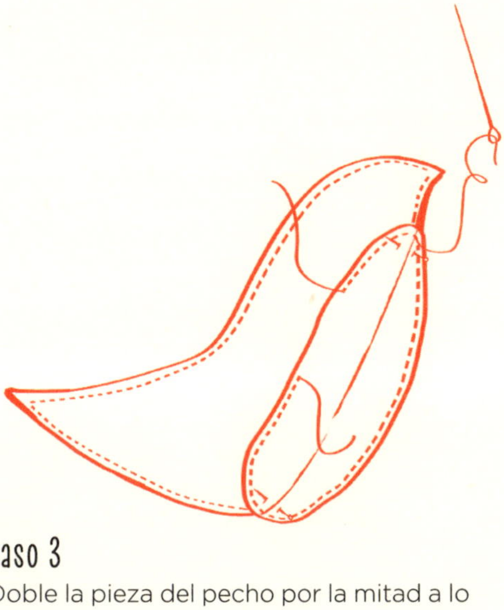

Paso 3

Doble la pieza del pecho por la mitad a lo largo. Presione con los dedos para formar una línea central clara. Utilice esta línea para sujetar con alfileres la parte superior y la base a las piezas del cuerpo en las costuras de estas, con los derechos juntos. Cosa juntas las piezas del abdomen y el cuerpo dejando un hueco de 5 cm para dar la vuelta.

Paso 4

Dé la vuelta a la pieza. Saque la cola y el pico con un palillo chino. Rellene con poliéster y cosa a mano la abertura con puntada de escalera.

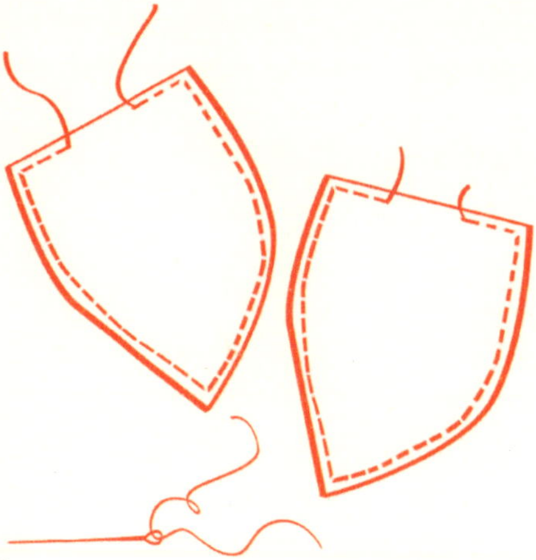

Paso 5

Coloque las dos piezas de las alas juntas con los derechos de cara. Cosa en torno a todo el perímetro dejando un hueco de 4 cm en el borde recto. Recorte las costuras y las esquinas. Dé la vuelta y alise el ala. Repita con las otras dos piezas.

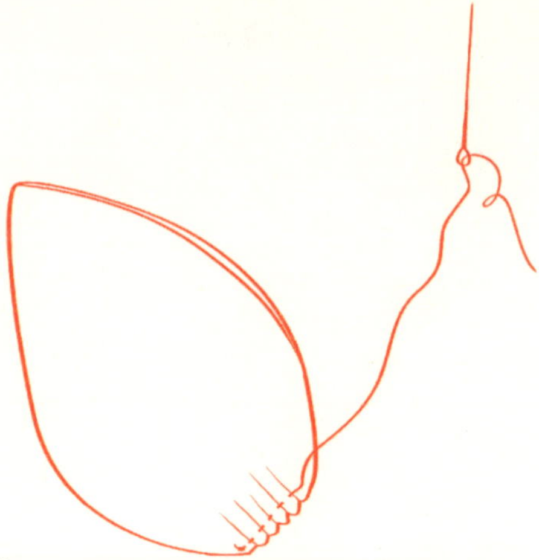

Paso 6

Alise la abertura de manera que encaje con las costuras. Ate un nudo en el extremo del hilo de bordar a juego y cosa el borde recto con puntada corrida pequeña. Tire del hilo ligeramente para fruncir la tela y ate un nudo para asegurarla.

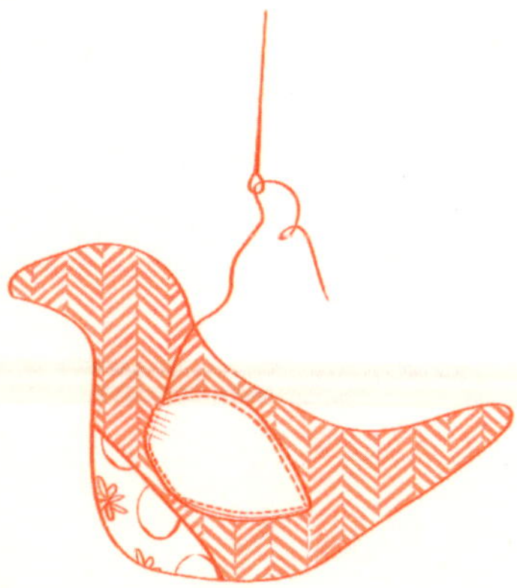

Paso 7

Sujete el ala al cuerpo con alfileres. Cósala a mano con el resto del hilo para bordar. Repita con la otra ala en el otro lado del cuerpo.

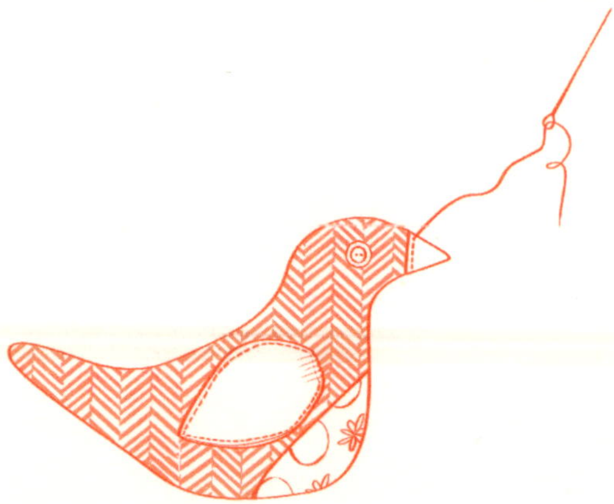

Paso 8

Doble la pieza de fieltro por la mitad y cosa con puntada de escalera y el hilo de bordar a juego. Utilice el resto del hilo para sujetar el pico al cuerpo. Cosa los botones a modo de ojos.

Más ideas

Corona decorativa

Cree una corona con el petirrojo en el centro. Puede preparar un nido con rafia, unos huevos de caramelo y capullos de flores (utilice hojas o flores de temporada). La corona es un adorno precioso para una puerta, o un regalo estupendo.

Saquito con popurrí

En el paso 2, cuando cosa las piezas del cuerpo, deje una abertura de 9 cm en la curva del dorso. Cree un pequeño bolsillo cosiendo juntas dos piezas de tela de 9 × 5 cm. Cosa el resto del petirrojo tal como se indica, y a continuación cosa a mano el bolsillo en su lugar. Rellene el bolsillo con un poco de popurrí aromático. Puede coser la abertura con puntada de escalera suelta para evitar que se salga el popurrí, lo que no impedirá que se libere su aroma. Guarde el pájaro entre su ropa.

Chochín

Los chochines son unos bonitos pájaros que viven en Australia, donde son muy habituales, aunque el azul intenso de la frente de los machos con plumaje nuevo no es nada frecuente. Con su divertida forma y su reducido tamaño, estos pájaros representan un proyecto de costura realmente encantador.

Reúna unos cuantos retales en tonos azules para crear este precioso muñeco. He empleado diferentes telas para todas las piezas del patrón a fin de conseguir un muñeco en verdad colorido. Unas puntadas a mano darán a su chochín un toque extra de personalidad, si desea que resulte todavía más especial. Por ejemplo, en el paso 7 puede utilizar el hilo sobrante para bordar un ala con puntada de cadeneta.

¡A coser!

Materiales

- Retales de tela de algodón en tonos de 1 color
- Máquina de coser (opcional), hilo a juego, tijeras
- Palillo chino para girar la tela
- Relleno de poliéster
- Aguja e hilo
- Retal de fieltro de lana
- Hilo de bordar a juego y aguja

Medidas del patrón

Longitud: 15 cm
Anchura: 7 cm

Plantilla del patrón

Descargar aquí

bit.ly/1kSuxbu

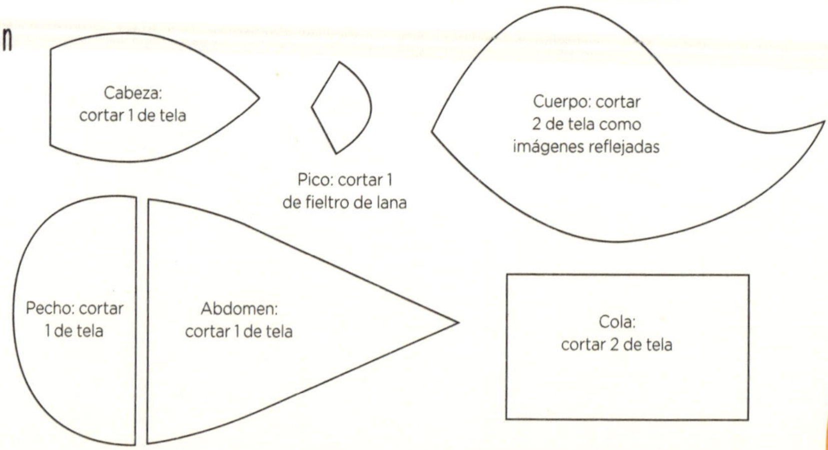

Reducido al 55% del tamaño real

Paso 1

Corte todas las piezas del patrón siguiendo las indicaciones. Asegúrese de cortar las piezas del cuerpo como imágenes reflejadas.

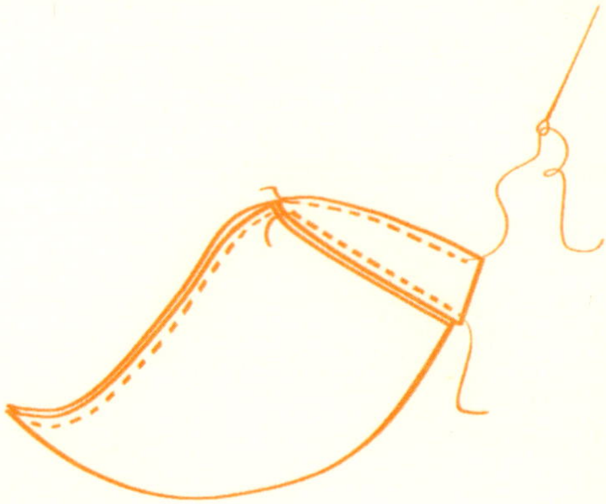

Paso 2

Con los derechos juntos, cosa la cabeza a una pieza del cuerpo. Con los derechos también juntos, cosa el otro lado de la cabeza al otro lado del cuerpo. Cosa la parte posterior de las piezas del cuerpo con los derechos juntos hasta la punta curvada del cuerpo.

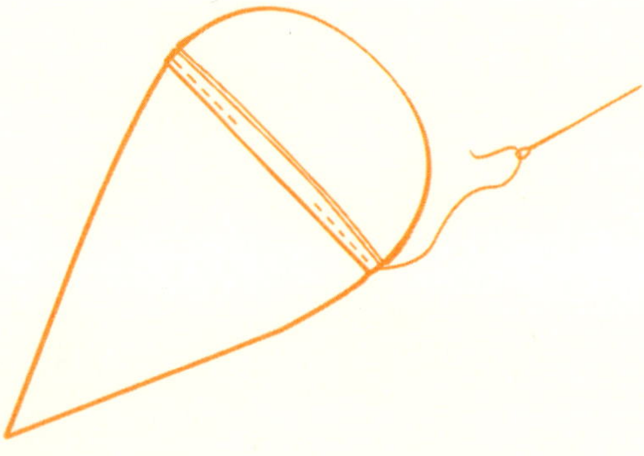

Paso 3

Sujete con alfileres los bordes rectos de las piezas del abdomen y el pecho, con los derechos juntos. Cosa a 2 cm hacia dentro en cada lado y deje el centro abierto para dar la vuelta a la pieza. Presione la costura con un dedo.

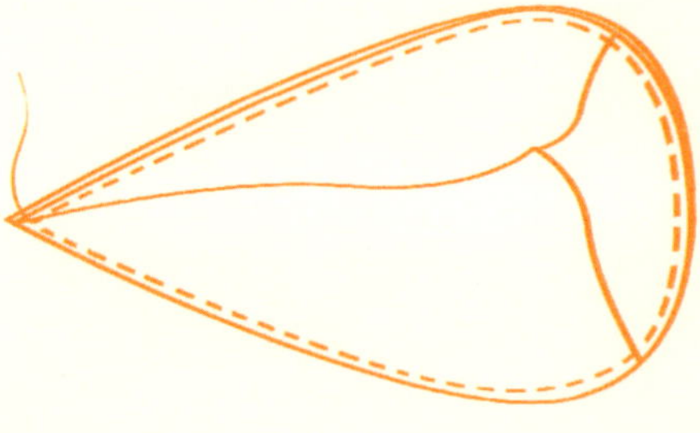

Paso 4

Sujete con alfileres los derechos de la pieza del abdomen y el pecho, y la de la cabeza y el cuerpo. Cósalas en todo su perímetro. Recorte las costuras.

Paso 5

Dé la vuelta a la pieza a través de la abertura del pecho/abdomen. Saque la cola con el palillo chino. Rellene con poliéster y cosa la abertura a mano con puntadas de escalera muy pequeñas.

Paso 6

Sujete con alfileres y cosa las piezas de la cola con los derechos juntos, pero deje uno de los bordes cortos abiertos para dar la vuelta a la pieza. Recorte las esquinas y las costuras. Dé la vuelta a la pieza y saque las esquinas. Doble 6 mm del orillo hacia dentro y alise la pieza.

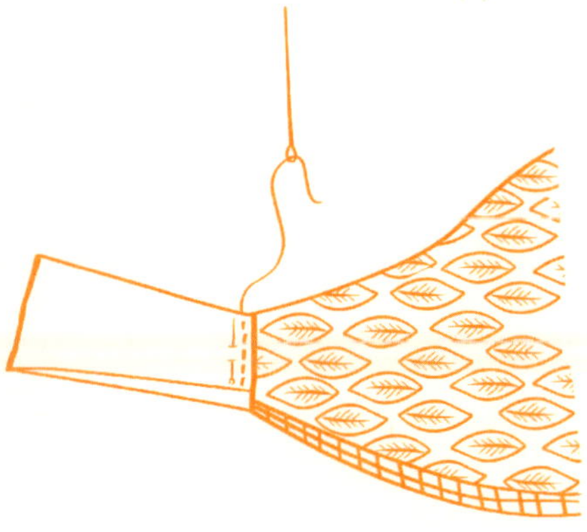

Paso 7

Deslice la cola sobre el borde en punta del cuerpo hasta que encaje a la perfección. Asegure con alfileres. Utilice el hilo de bordar y puntadas corridas para unir la cola al cuerpo.

Paso 8

Doble juntos los lados rectos del pico. Empezando por la punta, cósalos con el hilo y puntada de escalera. Utilice el extremo del hilo para sujetar el pico al rostro «plano» del pájaro y el resto del hilo para bordar los ojos con puntada satinada.

Más ideas

Pisapapeles

Rellene la mitad del pájaro con poliéster y la otra mitad con arroz para poder utilizarlo a modo de pisapapeles. ¿Por qué no emplearlo para mantener a buen recaudo las piezas de sus proyectos mientras trabaja?

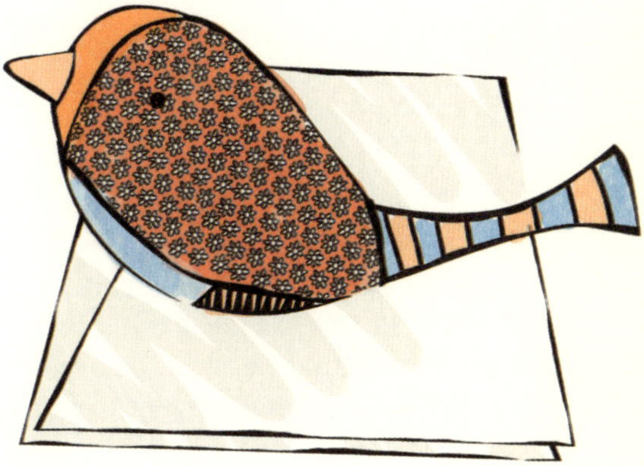

Móvil

Confeccione varios chochines y cuélguelos de un bastidor de bordar para decorar la habitación de un bebé.

Cisne

Resulta difícil imaginar un ave más elegante que el cisne. Su cuello alargado y curvado y su encantadora forma resultan muy hermosos y relajantes. Los cines se emparejan para toda la vida, por lo que se han convertido en símbolos de fidelidad, matrimonio y lealtad. Además, representan un proyecto de costura sencillo y muy satisfactorio.

Dado que los cisnes son blancos casi en su totalidad, este es un gran proyecto para mezclar texturas y utilizar algunos retales de tela con un ligero toque de color. Yo he usado franela, sábanas *vintage* con rosas muy pequeñas y chenilla de algodón para las alas. Si mezcla texturas, emplee telas con una tensión similar para que no pierdan la forma. Dada la bonita curva del cuello del cisne, es importante recortar las curvas y el margen de costura antes de dar la vuelta a la pieza. Para ello, practique cortes triangulares con las tijeras a lo largo del cuello. Acérquese a la costura, pero sin llegar a cortarla. De ese modo se deshará del grueso del margen de costura y conseguirá que la curva del cuello de su cisne luzca todavía más bella.

¡A coser!

Materiales

- Retales de tela de 1 color
- Máquina de coser (opcional), hilo a juego, tijeras
- Relleno de poliéster
- Retales de fieltro de lana en 2 colores
- Hilo de bordar a juego y aguja
- 2 botones de 1,3 cm

Medidas del patrón

Altura: 20 cm
Longitud: 22 cm

Plantilla del patrón

Descargar aquí

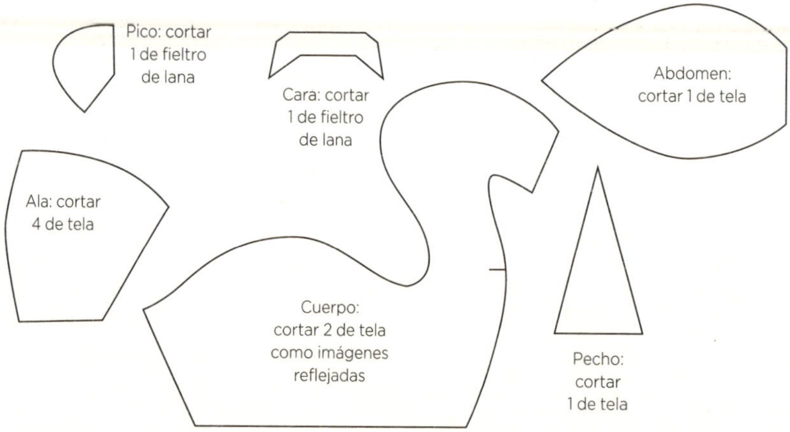

bit.ly/1kXCzyH

Reducido al 25 % del tamaño real

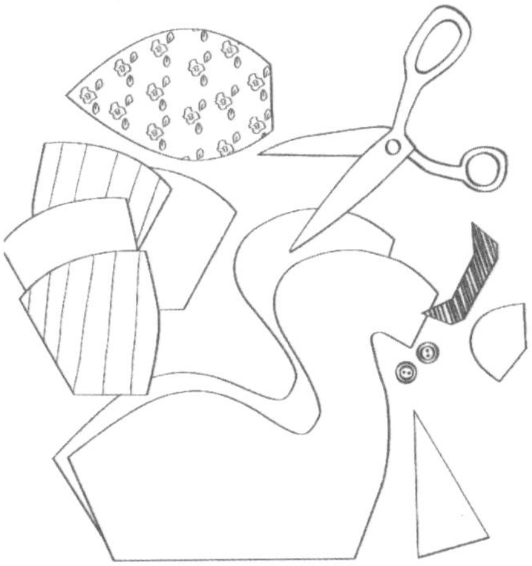

Paso 1

Corte todas las piezas del patrón tal como se indica. Asegúrese de cortar las piezas del cuerpo como imágenes reflejadas.

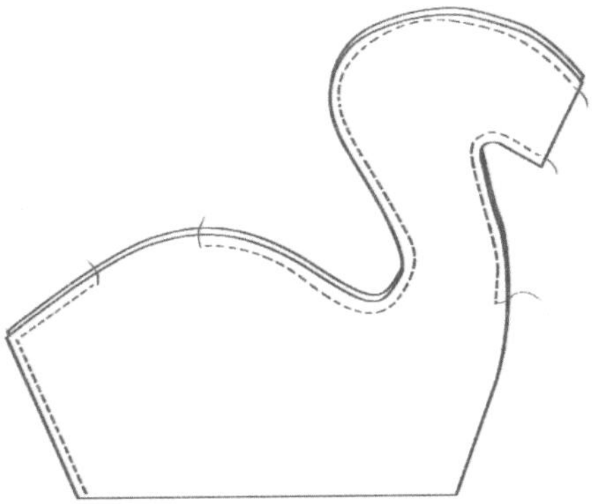

Paso 2

Cosa las piezas del cuerpo con los derechos juntos empezando por el borde posterior. Deje abierto el borde recto inferior. Deje una abertura de 6,5 cm en el dorso y otra en la cabeza. Deje de coser en la línea marcada en la pieza del patrón.

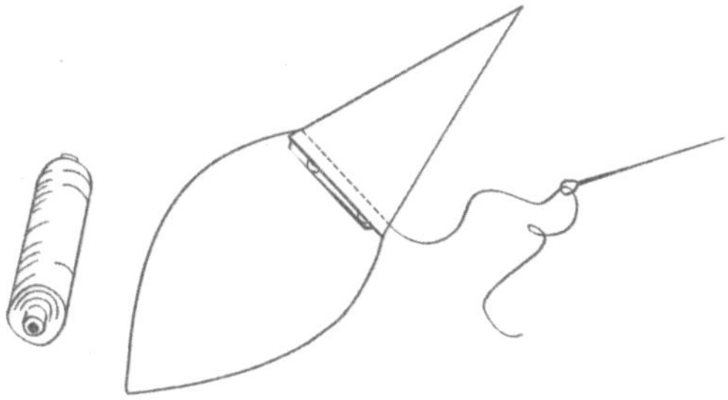

Paso 3

Cosa el pecho y el abdomen con los derechos juntos y alise la costura.

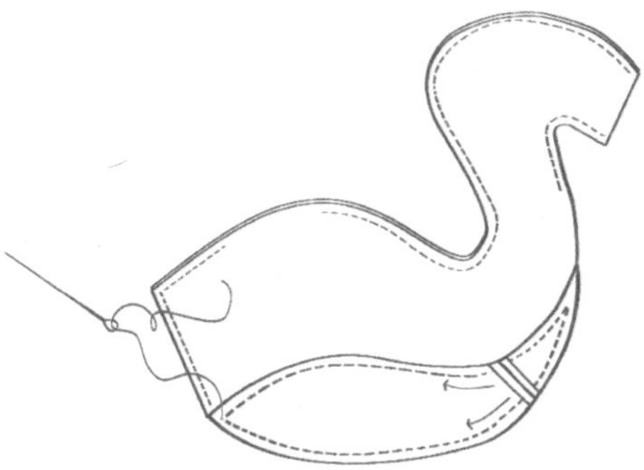

Paso 4

Con los derechos juntos, cosa la pieza del pecho/abdomen a la del cuerpo. Resulta más sencillo empezar por un lado del pecho y coser hasta la costura posterior, y comenzar después por la punta del pecho para coser el otro lado.

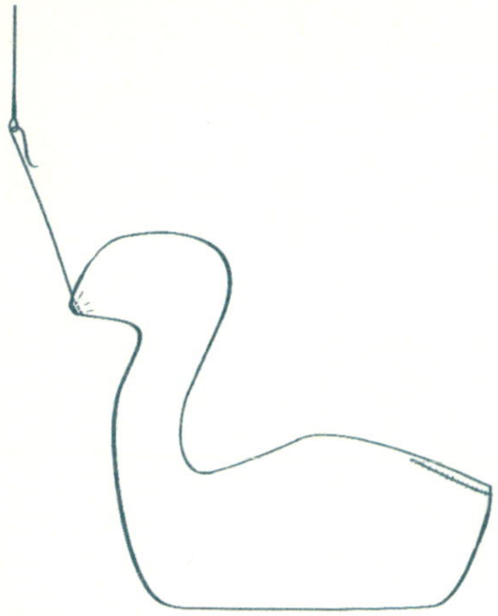

Paso 5

Recorte la costura y las esquinas y curvas (en estos dos casos, con cortes triangulares). Dé la vuelta a la pieza y rellene con poliéster. Cierre la abertura del dorso con puntada de escalera. Cosa con puntada corrida la abertura de la cabeza y tire ligeramente del hilo para fruncirla. Anude el hilo para mantener el frunce.

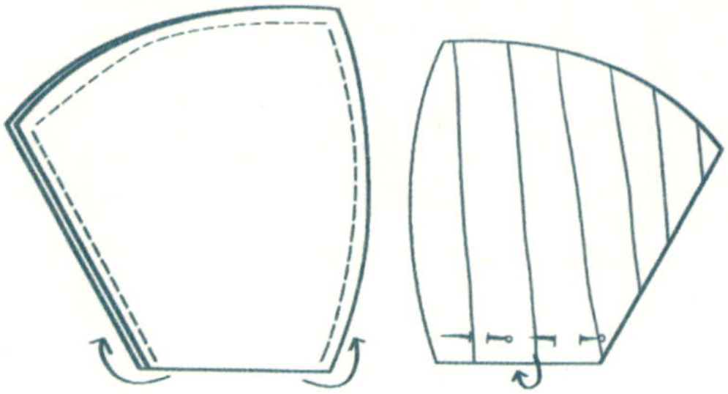

Paso 6

Cosa las alas con los derechos juntos; deje abierto el borde recto corto. Recorte las costuras y las esquinas. Dé la vuelta al ala y alísela. Doble los orillos hacia abajo y ciérrelos con alfileres. Si utiliza una tela lisa, puede bordar un diseño en el ala para añadir un toque de interés.

Paso 7

Sujete el ala al cuerpo con alfileres y cósala con puntada corrida (o de escalera) siguiendo el lado recto hacia la parte delantera del cuerpo y el borde inferior curvado del ala.

Paso 8

Cosa los bordes rectos del pico para unirlos con hilo de bordar dividido en dos. Cubra el hocico fruncido con el pico y cósalo con puntada de escalera. Cosa la cara de fieltro encima del pico, y los botones para los ojos en los bordes de la cara.

Más ideas

Bolsa para pinzas

Cuando cosa las piezas del cuerpo, en el paso 2, deje una abertura de 12,5 cm de largo. Cree un bolsillo doblando una pieza de tela de 13,5 × 18 cm con los derechos juntos. Cosa los lados y doble los orillos por encima. Introduzca el bolsillo en la abertura y cosa los bordes con puntada de escalera. Termine el cisne como se indica. Rellene el bolsillo con pinzas para la ropa y tendrá una preciosa ayuda con la colada.

Calientamanos

En el paso 5, rellene el cuello y la mitad superior del cisne con poliéster, y la mitad inferior, con arroz. Cierre y acabe el cisne tal como se indica. Caliente el cisne en el microondas en tandas de 20 segundos y sujételo con las manos durante las noches más frías.

Loro

Los loros constituyen una gran familia de aves que incluye alrededor de 372 especies. Aunque me encantan los periquitos y el porte majestuoso de las cacatúas, mi loro favorito es el guacamayo escarlata por sus intensos y variados colores y por las preciosas y largas plumas de su cola. Pero los loros son conocidos por algo más que por sus plumas: ¡son extremadamente inteligentes!

Para confeccionar este loro elija telas vistosas que contrasten entre sí y aproveche algunos de sus retales favoritos. Experimente alargando las plumas de la cola e incluso añadiendo una capa de color extra para conseguir un aspecto más espectacular.

¡A coser!

Materiales

- Retales de tela en 4 colores
- Máquina de coser (opcional), hilo a juego, tijeras
- Tijeras dentadas
- Relleno de poliéster
- Retales de fieltro de lana en 3 colores
- Hilo de bordar a juego y aguja
- 2 botones de 1,3 cm

Medidas del patrón

Altura: 26 cm
Anchura: 9 cm

Plantilla del patrón

Descargar aquí

bit.ly/1ix4DMe

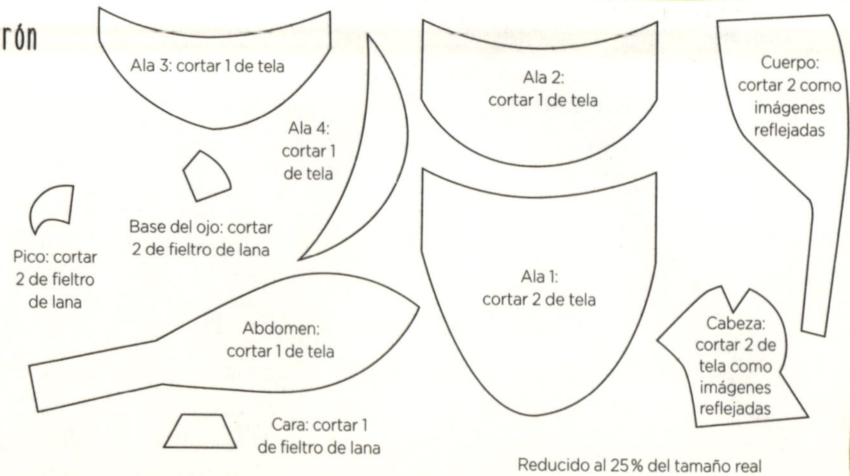

Reducido al 25 % del tamaño real

Paso 1

Corte todas las piezas del patrón siguiendo las indicaciones. Asegúrese de cortar las piezas del cuerpo y de la cabeza como imágenes reflejadas.

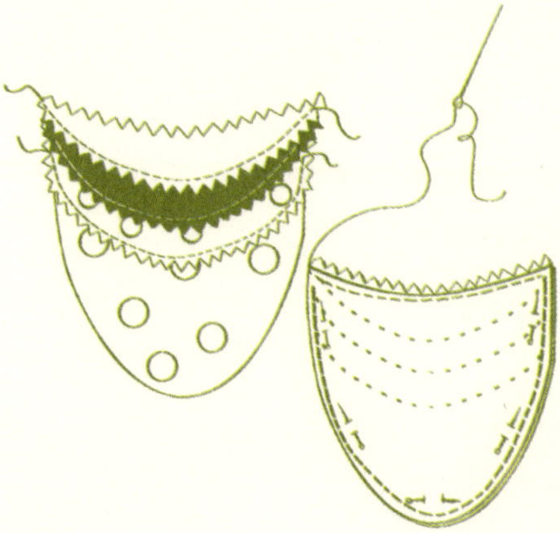

Paso 2

Corte los bordes de las alas 2-4 con las tijeras dentadas. Dispóngalas con los derechos hacia arriba en el lado derecho de un ala 1 en función del tamaño. Cósalas con puntada vista a la pieza del ala. Con los reveses juntos, cosa con puntada vista las capas del ala a la otra ala 1. Acabe los bordes con las tijeras dentadas.

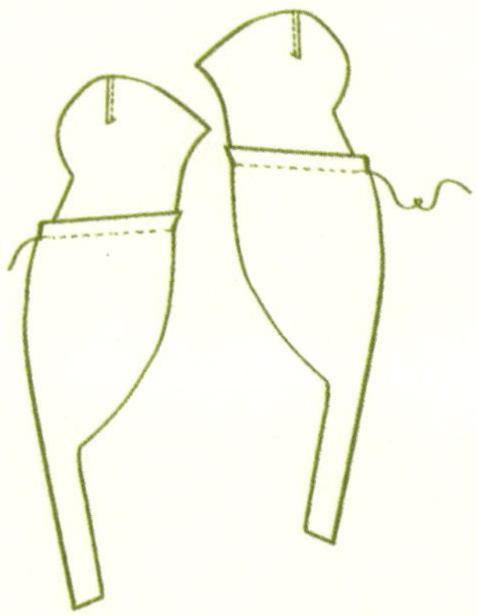

Paso 3

Cosa las pinzas en las piezas de la cabeza y, después, estas últimas a las piezas del cuerpo con los derechos juntos.

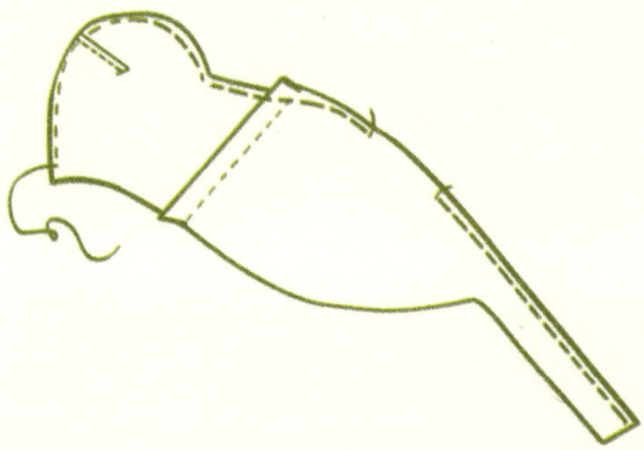

Paso 4

Sujete con alfileres y cosa las piezas del cuerpo con los derechos juntos en torno a la parte superior de la cabeza y bajando por el dorso hasta el final de la cola. Deje una abertura de 5 cm en el dorso para dar la vuelta a la pieza.

Paso 5

Sujete con alfileres y cosa la pieza del abdomen a las del cuerpo con los derechos juntos.

Paso 6

Recorte las costuras y dé la vuelta al loro. Rellene con poliéster. El relleno no llegará a la cola, no se preocupe. Cierre la abertura del dorso con puntadas de escalera.

Paso 7

Cosa a mano el ala sobre la costura que conecta la cabeza con el cuerpo. Cosa las dos bases para los ojos en la pieza de la cara, ya sea con máquina de coser o a mano.

Paso 8

Cosa las bases para los ojos en la cabeza. Junte las piezas para el pico y cosa la curva con puntada de escalera e hilo de bordar dividido. Cosa los lados del pico en la cara con el resto de hilo de bordar. Cosa los botones a modo de ojos.

Más ideas

Soporte para pulseras

El loro tiene el tamaño perfecto para convertirse en un soporte para pulseras. Acabe el loro como se indica y después practique un corte de 1,3 cm en el abdomen. Coloque el pájaro sobre un pie de madera para muñecas. Decore el pie con pintura o decoupage.

Kit de costura de viaje

En lugar de coser el ala en la costura que une la cabeza con el cuerpo, hágalo sobre los lados, en la costura donde se encuentran el abdomen y el cuerpo. Hágalo con un sobrehilado. El ala no se adaptará del todo al cuerpo; deje de coser cuando resulte demasiado grande (aproximadamente a tres cuartos del dorso hacia abajo). Introduzca en el bolsillo unas tijeras pequeñas, un abridor de costuras, hilo y otros accesorios esenciales de costura.

Pavo real

Los ricos tonos como de piedras preciosas del pavo real bastan para dejar a todos atónitos con su belleza, pero su plumaje abierto también resulta verdaderamente magnífico. En muchas culturas, los pavos reales representan la vanidad debido a su extraordinaria exhibición y al modo en que se pasean, como si fuesen príncipes. Y todo ello hace que resulte muy divertido recrearlos con sus telas favoritas.

Cuando seleccione los retales para su pavo real, busque tonos vivos que reproduzcan sus intensos colores. Si lo desea, añada una entretela o una capa extra de tela para dar rigidez a las plumas de la cola y conseguir que se mantengan erguidas. Tenga en cuenta también las texturas y la posibilidad de utilizar pana, franela o lana. Además, puede mezclar estampados para dar a su pavo real un toque más especial.

¡A coser!

Materiales

- Retales de tela, 2 en tonos del color 1; 2 en tonos del color 2; 1 sólido y 1 estampado
- Máquina de coser (opcional), hilo a juego, tijeras
- Fieltro de lana en 3 colores
- Hilo de bordar a juego y aguja
- Relleno de poliéster

Medidas del patrón

Altura: 15 cm
Anchura: 22,5 cm

Plantilla del patrón

Descargar aquí

bit.ly/1hCpjOS

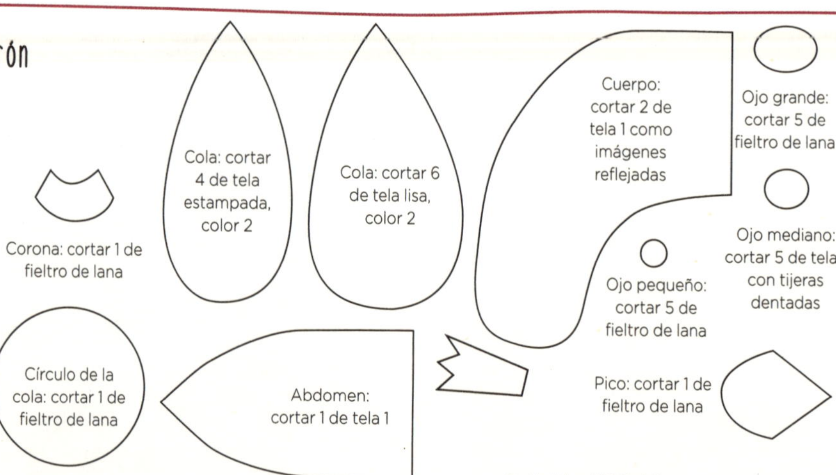

Reducido al 30 % del tamaño real

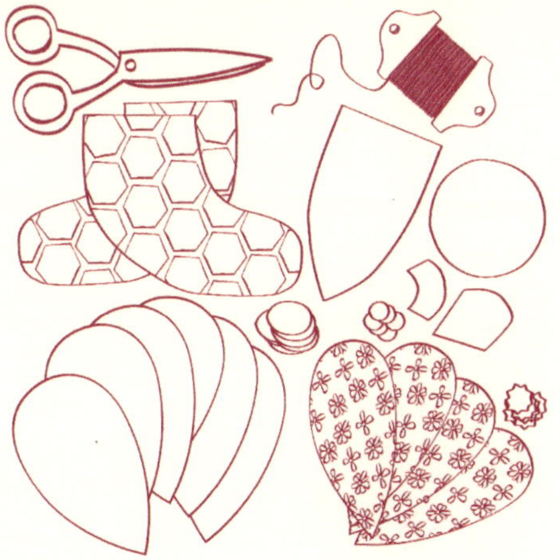

Paso 1

Corte todas las piezas del patrón siguiendo las indicaciones. Asegúrese de cortar las piezas del cuerpo como imágenes reflejadas.

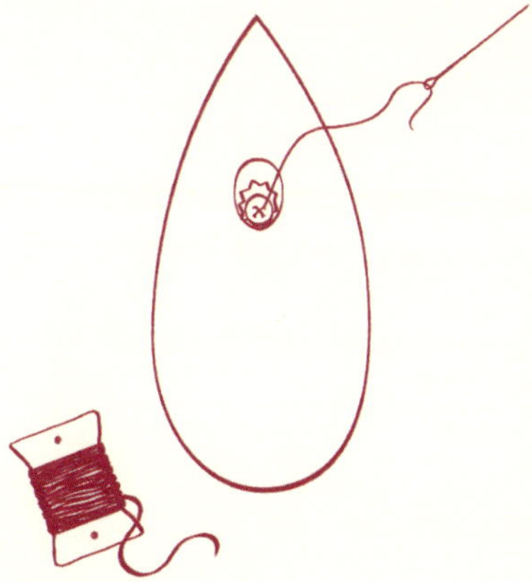

Paso 2

Disponga los «ojos» en las plumas de la cola. Empiece utilizando una pieza de tela para la cola, después un ojo grande, a continuación uno mediano y por último uno pequeño. Con hilo de bordar a juego, cosa las cuatro capas de tela con punto de cruz.

Paso 3

Cosa las plumas de la cola con los derechos juntos, intercalando los ojos y dejando una abertura de 5 cm en un lado. Dé la vuelta a la pluma, alísela y repita el proceso hasta obtener cinco plumas para la cola. Cierre las aberturas con puntada ciega. Disponga las plumas en forma de abanico y sujételas juntas con alfileres.

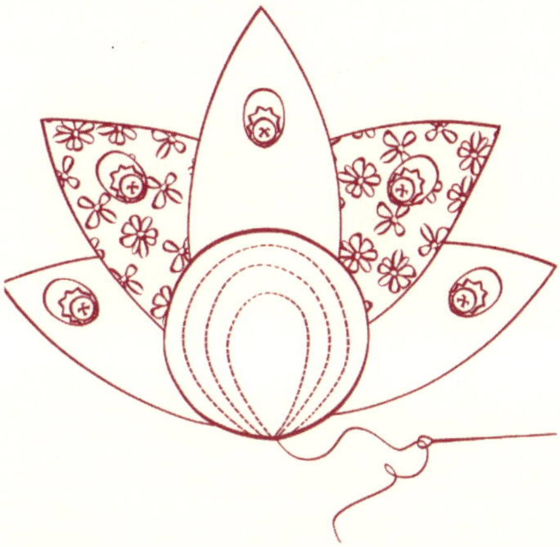

Paso 4

Centre el círculo de fieltro en medio de las plumas de la cola. Cosa el círculo a las plumas con tres semicírculos, cada uno más pequeño que el anterior, hacia el centro del círculo de fieltro.

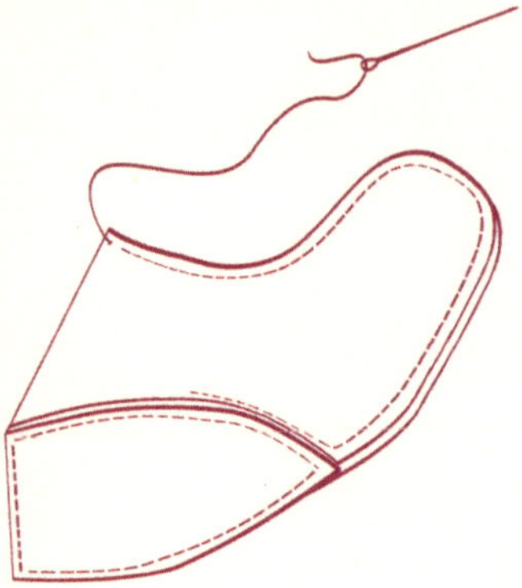

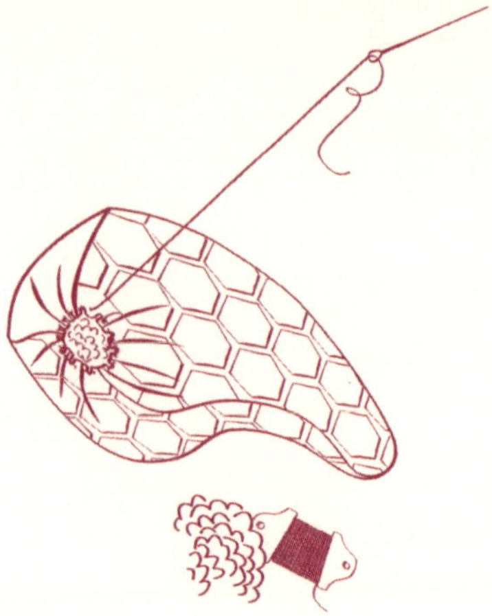

Paso 5

Cosa las piezas del cuerpo con los derechos juntos, pero deténgase donde se indica en la pieza del patrón y deje abierto el borde recto. Cosa la pieza del abdomen, con los derechos juntos, a cada lado de las piezas del cuerpo.

Paso 6

Recorte las costuras y dé la vuelta al cuerpo. Rellene con poliéster. Anude un extremo de un hilo de bordar y cosa con puntada corrida toda la abertura a 6 mm, más o menos, del orillo. Tire ligeramente del hilo para fruncir la abertura. Anude para asegurar el hilo.

Paso 7

Con hilo a juego y puntada de escalera, cosa el cuerpo a las plumas de la cola centrándolo en la mitad inferior del círculo, de manera que se vea un círculo de fieltro de la cola por encima del cuerpo. Sujete las pezuñas a la parte inferior del cuerpo con el resto del hilo.

Paso 8

Doble y junte los bordes rectos del pico de fieltro. Comenzando por la punta, cosa el pico con puntada de escalera. Sujete el pico y la corona a la cabeza con puntada de escalera. Borde los ojos o bien cosa unos botones muy pequeños.

Más ideas

Soporte para pasadores para el pelo

Sujete un aro de hilo en la parte superior del centro de la cola. Sujete una cinta de 45,5 cm de largo por 2,5 cm de ancho en la parte posterior de manera que quede colgando. Cuelgue el pavo en una pared, en el cuarto de baño el dormitorio y utilícelo como soporte para pasadores para el pelo.

Sujetacartas

Dé más rigidez a las plumas de la cola añadiendo una capa de entretela (termoadhesiva o no) a cada una de las cinco piezas de la cola. En el paso 6, rellene el cuello con poliéster y el resto del pavo con arroz para que resulte más pesado. Acabe el resto de los pasos como se indica.

Corte una pieza de cartón de 21,5 × 15 cm. Cúbrala con tela o fieltro. Sujete el pavo al cartón solo por la base y coloque el ejemplar en su escritorio.

Colibrí

Aunque los pueda observar de manera habitual, la visión de un colibrí siempre es especial. Sus hermosos e intensos colores, su diminuto tamaño y sus veloces movimientos hacen que sean únicos entre los pájaros. Contemplar a un colibrí es como entrever un toque de magia.

Los colores vivos del colibrí hacen que este sea un proyecto perfecto para coser con retales. Cuando busque los materiales para crearlo, tenga en cuenta los preciosos tonos de estos pájaros. Existen más de trescientos tipos de colibríes, de manera que las posibilidades son casi infinitas. Sus colores son sorprendentes, y puede probar a reproducirlos con sus telas. Este proyecto es un poco más detallado que otros, pero el resultado es muy especial y merece la pena el esfuerzo extra.

¡A coser!

Materiales

- Retales de tela en 3 colores
- Entretela termoadhesiva
- Máquina de coser (opcional), hilo a juego, tijeras
- Relleno de poliéster
- Aguja e hilo
- Una pieza de alambre de 5 cm de longitud y 6 mm de grosor
- Hilo de bordar marrón
- 2 botones de 6 mm

Medidas del patrón

Longitud: 17 cm
Anchura: 19 cm

Plantilla del patrón

Descargar aquí

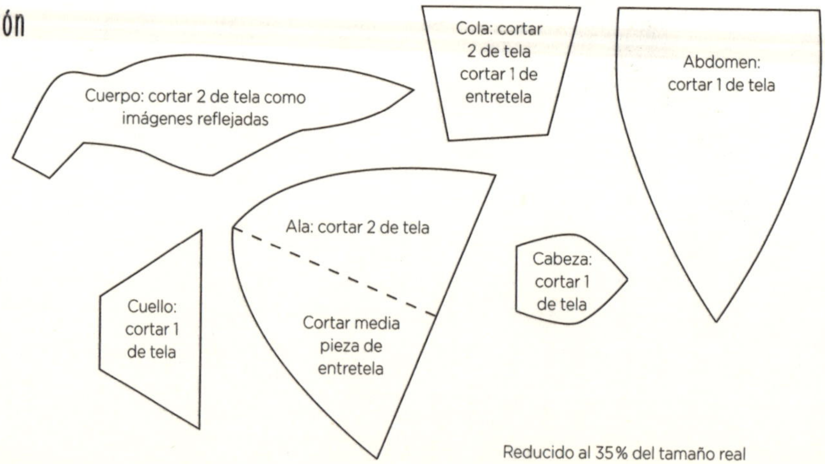

bit.ly/1jp4Z8m

Reducido al 35% del tamaño real

Paso 1

Corte todas las piezas del patrón siguiendo las indicaciones. Asegúrese de cortar las piezas del cuerpo como imágenes reflejadas.

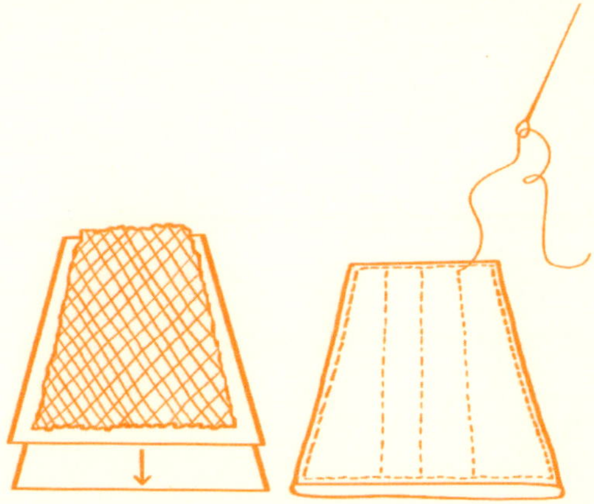

Paso 2

Funda la entretela sobre los reveses de las piezas del ala y la cola. Cosa los derechos de la cola juntos dejando una abertura para dar la vuelta a la pieza. Recorte las costuras, dé la vuelta a la tela y alísela. Cosa el perímetro con puntada vista y añada líneas verticales con la misma puntada a modo de refuerzo.

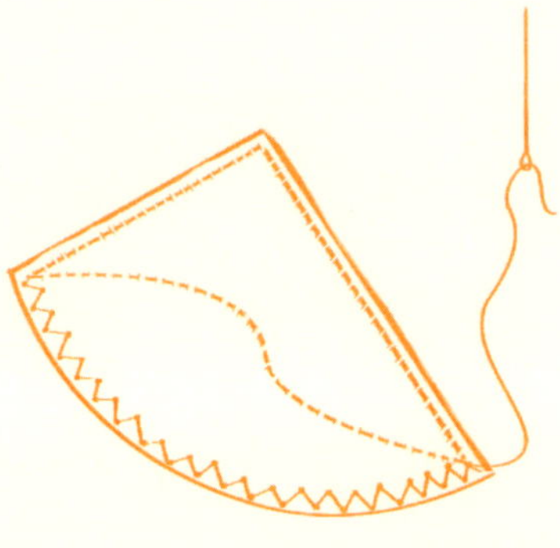

Paso 3

Doble una pieza del ala con los derechos juntos. Cosa juntos los lados rectos cortos. Recorte las costuras y dé la vuelta a la pieza. Alísela. Cosa en zigzag siguiendo el borde curvado o bien con un sobrehilado si cose a mano. Cosa los dos bordes rectos con puntada vista y una curva que pase por el centro de la pieza del ala. Repita el proceso con la otra.

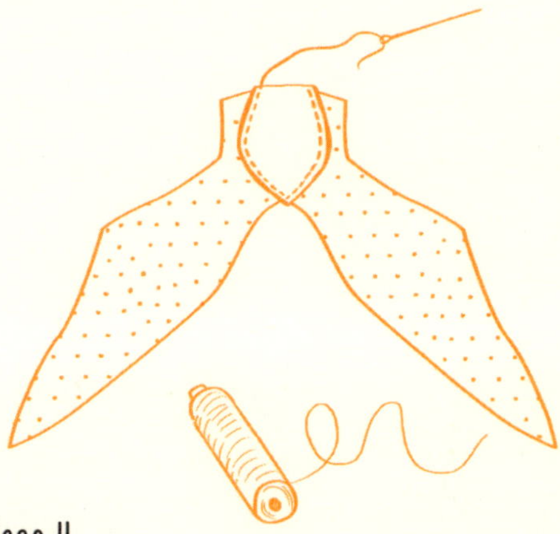

Paso 4

Sujete las dos piezas del cuerpo a cada lado de la pieza de la cabeza. Proceda lentamente con la máquina de coser o bien cósalas juntas a mano. Doble la pieza del cuerpo con los derechos juntos y cosa desde la costura de la cabeza hasta el extremo de la cola. Recorte las costuras y alíselas con los dedos.

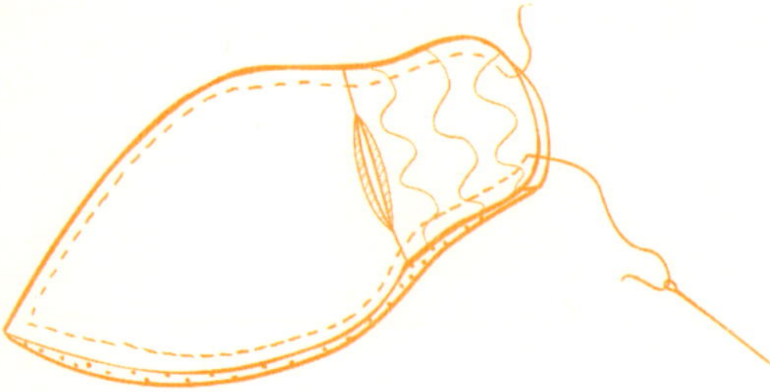

Paso 5

Coloque las piezas del abdomen y el cuello con los derechos juntos. Cosa 2 cm desde cada lado dejando una abertura en el centro. Alise las costuras con los dedos. Coloque la pieza del abdomen/cuello con los derechos juntos con la pieza de la cabeza/cuerpo. Desde la cabeza, cosa 2 cm hacia dentro desde cada lado dejando una abertura en el centro. Recorte las costuras y la cola (con cortes triangulares).

Paso 6

Dé la vuelta al cuerpo a través de la abertura del cuello. Rellene con poliéster y cierre la abertura con puntada de escalera. Cosa la abertura de la cabeza con puntada corrida. Tire ligeramente del hilo y frunza la tela al cerrarla. Anude el hilo para asegurar el frunce.

Paso 7

Cosa las alas y la cola al cuerpo con puntada de escalera. Coloque las alas sobre la costura del abdomen y el dorso, justo por debajo del punto en el que el abdomen y el cuello se encuentran. Sujete la cola a 2,5 cm por encima de la punta del cuerpo.

Paso 8

Introduzca la pieza de alambre por la tela fruncida del paso 6. Ponga unas gotas de pegamento en el alambre y envuélvalo con hilo de bordar, al igual que el borde vivo de la zona de tela fruncida. Anude el hilo y cosa los botones.

Más ideas

Móvil

Sujete el colibrí con hilo de pescar y cuélguelo en una ventana para disfrutar de un toque estival durante todo el año. Será interesante observar qué piensan los auténticos colibríes (conocidos por su carácter territorial) de este confeccionado a mano.

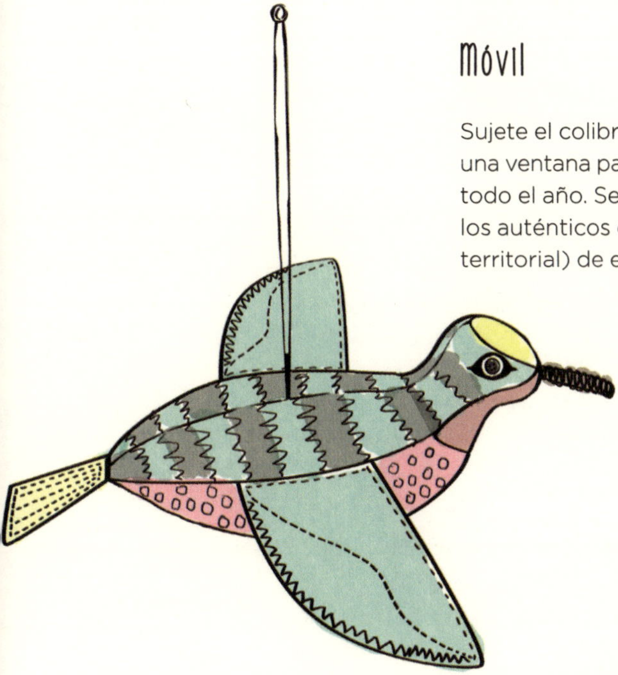

Llavero

Sujete una presilla al dorso del colibrí para convertirlo en un llavero. Cosa a mano una tira circular de tela o bien añádala durante el paso 4. Introduzca un aro para llaves en la presilla y coloque las suyas.

Flamenco

Los flamencos son divertidos, fascinantes y totalmente únicos. ¿Qué podría ser mejor que este pájaro rosa de patas largas y desgarbadas? Bromas aparte, esas patas son muy útiles para caminar en el difícil entorno de los humedales, donde viven estas aves extraordinarias. Sus hermosos colores las convierten en un proyecto de costura en verdad satisfactorio.

Dado que tengo tres hijas, dispongo de una buena colección de retales de color rosa. Me lo pasé muy bien buscando las telas para este flamenco. Sugiero que opte por telas lisas o con estampados discretos para el cuerpo y que reserve los estampados vistosos para las alas y el abdomen. No conviene desviar la atención de los interesantes rasgos de la cara. También puede experimentar con la longitud de las patas y crearlas a su gusto.

¡A coser!

Materiales

- Retales de tela en 4 tonos de 1 color
- Máquina de coser (opcional), hilo a juego, tijeras
- Girador de cilindros
- Relleno de poliéster
- Retales de fieltro de lana en 3 colores
- Hilo de bordar a juego y aguja
- 2 botones de 6 mm

Medidas del patrón

Altura: 40 cm
Anchura: 14 cm

Plantilla del patrón

Descargar aquí

bit.ly/1mlhkl3

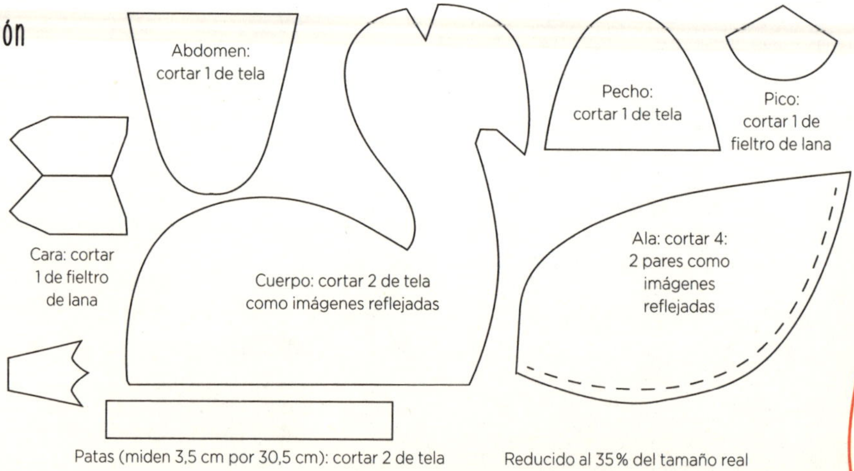

Paso 1

Corte todas las piezas del patrón siguiendo las indicaciones. Asegúrese de cortar las piezas del cuerpo como imágenes reflejadas. Los pares de alas también deben ser imágenes reflejadas. Un par será el exterior y el otro formará el forro.

Paso 2

Cosa las pinzas en las cabezas de las piezas del cuerpo y, a continuación, cosa las piezas del cuerpo con los derechos juntos. Deje abierto el borde inferior recto.

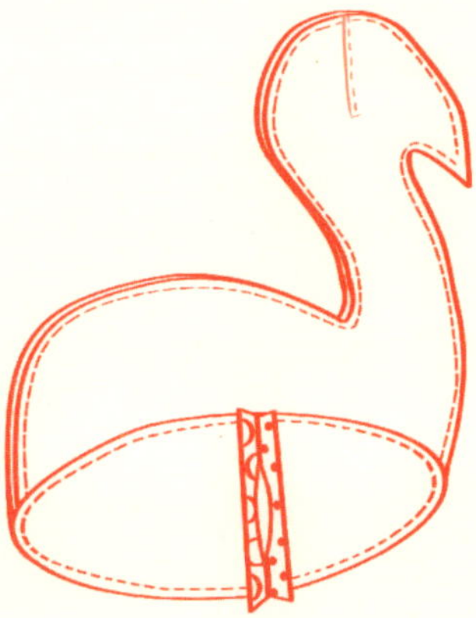

Paso 3

Cosa los derechos del abdomen juntos solo por los bordes y deje una abertura de 5 cm en el centro. Cosa el abdomen al cuerpo con los derechos juntos. Recorte las costuras y las esquinas (con cortes triangulares).

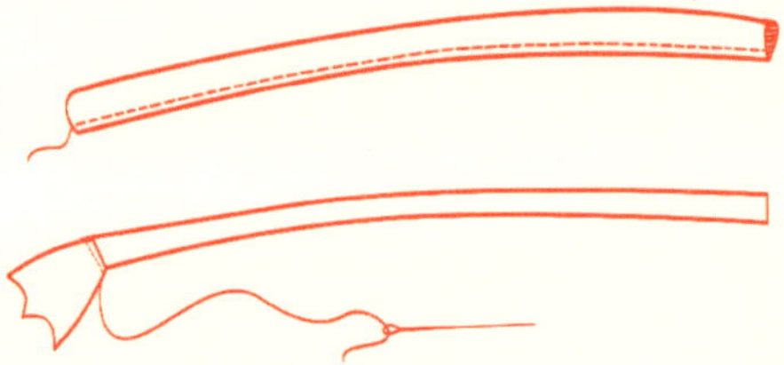

Paso 4

Sujete con alfileres las piezas de las patas, con los derechos juntos a lo ancho, y cósalas. Recorte las costuras y utilice un girador de cilindros para dar la vuelta a las patas. Alíselas y doble uno de los bordes abiertos hacia abajo. Alise de nuevo. Cosa las pezuñas al borde doblado con punto de cadeneta.

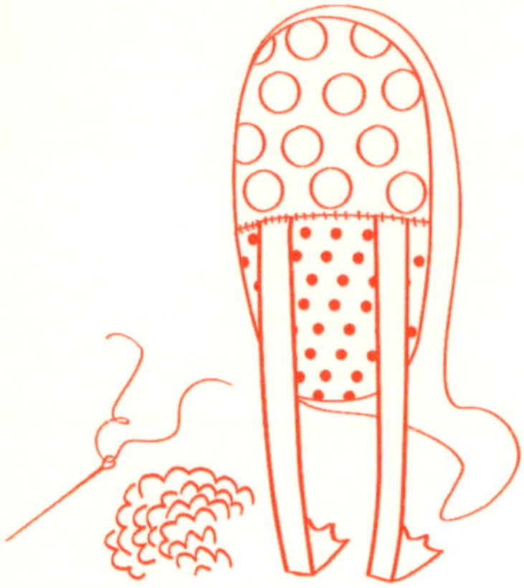

Paso 5

Dé la vuelta al cuerpo y rellene con poliéster. Antes de cerrar la abertura del abdomen, introduzca las patas en el hueco y cosa con puntada de escalera para cerrarla. Cosa a través de las patas de manera que las puntadas pasen por todas las capas.

Paso 6

Cosa las dos piezas exteriores del ala con los derechos juntos siguiendo la curva indicada en el patrón. Repita con las piezas para el forro y dele la vuelta. Introduzca el forro en las piezas exteriores. Sujete con alfileres y cosa todo el perímetro, pero deje una abertura de 5 cm para dar la vuelta. Dé la vuelta a la pieza, alísela y cierre la abertura con puntada ciega.

Paso 7

Encaje el ala en el dorso del flamenco y cósala. Doble la pieza de la cara por la mitad siguiendo la línea indicada. Cosa los lados inclinados con un margen de costura de 3 mm. Dé la vuelta a la pieza y cósala a mano sobre la cara con puntada de escalera.

Paso 8

Doble el pico por la mitad y cosa juntos los lados rectos con hilo de bordar y puntada de escalera. Encaje el pico en la cara de fieltro y cósalo con puntada de escalera. Cosa los botones para los ojos a cada lado de la cara.

Más ideas

Anticorrientes

Ajuste las piezas del patrón para imprimirlas al 135 %. Confeccione el cuerpo del flamenco como se indica, pero modifique la longitud y la anchura de las patas a 6,5 × 45,5 cm. Cosa las patas con los derechos juntos formando un tubo alargado. Sujete las pezuñas como se indica en el paso 4. Con un embudo, rellene las patas con arroz (siete octavas partes). Sujete las patas al cuerpo como se indica en el paso 5. Estas largas patas servirán para impedir que entre el viento por la puerta.

Cojín

Imprima las piezas del patrón al 200 %. Aumente el tamaño de las patas a 5 × 45,5 cm. Acabe el flamenco siguiendo las instrucciones. Este flamenco ampliado quedará precioso como cojín en una habitación infantil.

Plantillas adicionales

Banderines de gaviotas

Instrucciones completas en la página 71.

Plantilla del patrón

Descargar aquí

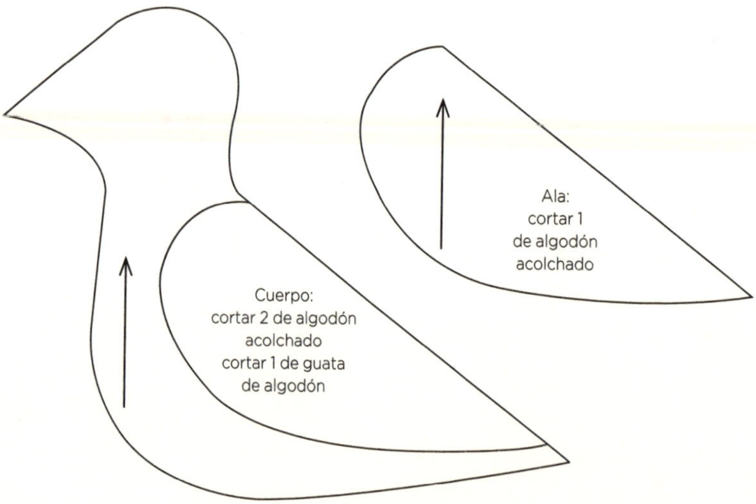

bit.ly/1mlhnDC

Reducido al 40 % del tamaño real

Búho: bolsa de agua caliente pequeña

Este patrón sirve para una bolsa de agua caliente de 15 × 16,5 cm. Utilice las plantillas de la página 14 y corte los materiales como se indica en la página 15. Prepare el abdomen y los ojos del búho como se recoge en el paso 2. Confeccione una solapa cosiendo la mitad de una pieza de velcro de 2,5 × 12,5 cm a la pieza del patrón, doblando la solapa con los derechos juntos y cosiendo los lados. Dé la vuelta a la solapa y alísela. Sujétela al exterior del cuerpo del búho siguiendo las indicaciones de patrón. Coloque la guata debajo de la pieza delantera del cuerpo y cosa las piezas exterior delantera y del forro delantero con los derechos juntos. Deje una abertura de 6,5 cm en el lado. Dé la vuelta a la pieza y alísela. Cosa la abertura con puntada ciega. Doble la punta hacia abajo y cosa a mano para crear el pico. Añada los ojos.

Cosa la otra mitad del velcro en la pieza exterior de la parte posterior del cuerpo siguiendo el patrón. Disponga la guata detrás de la pieza del forro correspondiente. Cosa estas dos piezas con los derechos juntos. Deje una abertura de 6,5 cm. Dé la vuelta a la pieza y alísela. Cosa la abertura con puntada ciega. Coloque juntos los lados delantero y trasero, y cosa solo los bordes laterales. Introduzca la bolsa de agua caliente a través de la base y utilice la solapa para cerrar la funda.

Plantilla del patrón

Descargar aquí

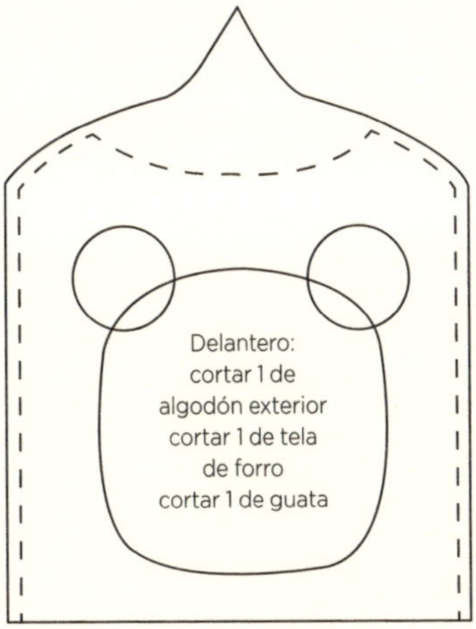

Sujetar aquí la solapa con el velcro

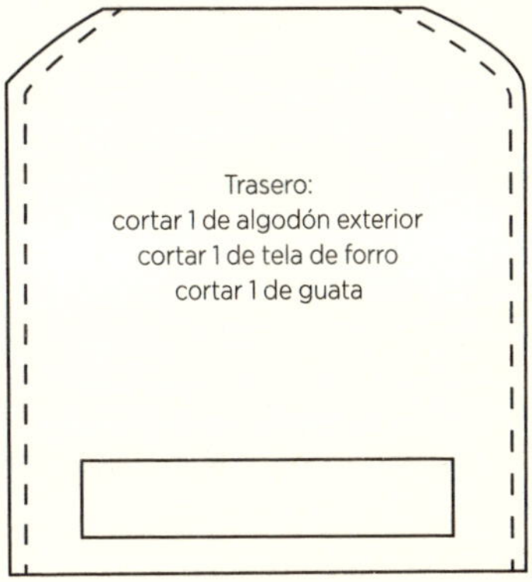

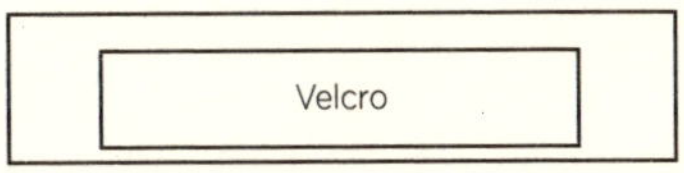

Solapa de velcro: cortar 1 de algodón por el pliegue

bit.ly/1kXD4st

Reducido al 40 % del tamaño real.

Glosario

bordado Técnica manual clásica en la que se usa hilo grueso de colores y puntadas especiales.

bordes vivos/orillos Borde cortado, sin acabar, de la tela.

chenilla de algodón Tejido con líneas de terciopelo que recuerdan a orugas muy largas.

decoupage Técnica que consiste en decorar un objeto con recortes de papel.

derecho Parte delantera de una pieza de tela que cuenta con un derecho y un revés diferenciados.

entretela Material disponible en diversos pesos, grosores y grados de flexibilidad. Se utiliza como base para aportar mayor estabilidad a determinadas telas. Puede ser termoadhesiva o cosida.

fieltro de lana Fieltro suave realizado con lana en lugar de ser sintético; se encuentra en algunas tiendas y fácilmente *on-line*.

franela Tela de algodón suave que presenta un poco de pelo (hilos cortos y finos en la misma dirección).

fruncido Método que consiste en coser con puntada corrida suelta y después tirar ligeramente de los hilos para unir la tela.

girador de cilindros Se encuentra en la sección de accesorios de los establecimientos especializados en telas y consiste en una pieza de plástico fino con un clip en un extremo que le ayudará a dar la vuelta a un cilindro largo de tela.

guata de algodón Capa gruesa y suave de tela que se utiliza habitualmente como relleno de las colchas.

hilo de bordar Normalmente se compone de seis hebras de hilo de color. En este libro lo separamos en tres hebras. Se encuentra en cualquier mercería.

hilvanar Coser una puntada corrida larga y suelta a mano para sujetar telas de manera temporal.

imagen reflejada La imagen que vería en el espejo. En varios patrones es preciso cortar las piezas como imágenes reflejadas entre sí.

margen de costura Superficie entre el borde de la tela y la línea de puntadas en dos (o más) piezas de material que se cosen juntas.

pespunte Cuando empiece a coser hacia delante, lleve una puntada hacia atrás y después continúe hacia delante. De este modo se evita que el hilo se descosa a medida que avanza.

pinza Ajuste con forma de V que se realiza cosiendo los derechos juntos en ángulo. Añade volumen a la pieza.

presionar con un dedo Método para alisar temporalmente una costura mediante la presión y el calor de los dedos.

puntada ciega Técnica de costura a mano que sirve para ocultar una costura abierta cosiendo entre los pliegues.

puntada corrida Es la puntada a mano más habitual y básica, la que entra y sale de la tela. El resultado tiene el aspecto de una línea de puntos.

puntada de cadeneta Técnica de bordado en la que una serie de vueltas forman una cadena.

puntada de escalera Se utiliza para unir dos bordes doblados de tela. Las puntadas se realizan en ángulo recto con respecto a la tela, creando un motivo similar a una escalera entre las telas, y quedan más tensas y menos visibles.

puntada dividida Puntada decorativa pero resistente que se consigue empezando con una puntada corrida y volviendo atrás para salir de nuevo por la primera puntada. El aspecto final es el de una cadena.

puntada en zigzag Puntada que va a un lado y otro para proporcionar a las costuras un acabado seguro. También es decorativa.

puntada recta Puntadas realizadas con máquina de coser, que crea una línea recta. Es la puntada básica hecha con máquina, y la más común.

puntada satinada Puntadas alargadas y rectas que se realizan con hilo de bordar y se sitúan muy juntas y en filas para conseguir el aspecto del satén o raso.

puntada vista/pespunte Puntada en ocasiones decorativa y a veces funcional que normalmente se sitúa a 6 mm del borde de una costura y que está pensada para que se vea en la parte superior de la pieza.

punto de festón Puntada decorativa en L, manual, que se realiza pasando la aguja por debajo del hilo en el borde de la tela. Refuerza los orillos.

relleno sintético Material sintético desmenuzado que se emplea para rellenar proyectos de costura a fin de conseguir un aspecto tridimensional.

revés Parte posterior de una pieza de tela con derecho y revés distintos.

siguiendo el pliegue En el corte de patrones, consiste en doblar la tela por la mitad, por lo general siguiendo la dirección del hilo, y alinear el lado designado de la pieza del patrón con el pliegue de la tela. Esta se corta por todos los lados del patrón, excepto por el pliegue.

sobrehilado Puntada diagonal que pasa sobre el borde de la tela y sirve para evitar que los orillos se deshilachen.

tijeras dentadas Tijeras con las hojas en forma de V. Se emplean para evitar que los bordes de las telas se deshagan.

Índice

abdomen 9, 15, 18, 21, 23, 24, 27, 28, 48, 51-52, 57, 60, 63, 66, 69, 81, 87-88, 93, 100-101, 106, 112, 114, 117, 118, 121
acolchado 94
adornos 30, 53, 59
  navideños 59
  para regalos 35
águila, proyecto 36-40
ajustes 9
alas 9, 18, 22, 27-28, 33-34, 39-40, 42, 46, 54, 59, 69-71, 75, 77-78, 80, 82, 84, 90, 94, 99-100, 111-112, 114, 117-118
alfileteros 29
algodón acolchado 48, 71
ambientador para coche 47
anticorrientes de aire 119
aros para llaves 113
arroz 29, 41, 47, 71-72, 89, 95, 107, 119
auriculares, guardacables 17
azulejo, proyecto 48-52

banderines 71, 120
bastidor de bordar 89
bautizos 30
bodas 30, 35
bolsa para pinzas 95
bolsillos 17, 35, 47, 59, 77, 83, 95, 101
bolsita para pañuelos de papel 77
botones 14, 16, 20, 22, 26, 28-29, 38, 40, 44, 46, 56, 58, 62, 64, 70, 74, 76, 78, 80, 82, 94, 100, 106, 110, 112, 116, 118
búho, proyecto 12-16, 121

cabeza 9, 27-28, 39-40, 54, 63-64, 69, 87, 93, 99, 101, 106, 112, 117
calientamanos 95
cámara web 8
canario, proyecto 18-22
cara 22, 58, 70, 88, 94, 100, 114, 118
cardenal, proyecto 54-58
cartón 107
chenilla 23, 90, 122
chochín, proyecto 84-89
cinta 30, 35, 53, 107
cintas (tiras de tela) 53
cisne, proyecto 90-94
cojín para llevar anillos de boda 35
cojines/almohadas 12, 30, 35-36, 119
cola 18, 21-22, 40, 46-47, 57-58, 64, 88, 99-100, 112
colibrí, proyecto 108-112
corona decorativa 83
corte triangular 90
coser 8, 101
cresta 7

cuello 90, 112
cuerda 23, 53, 59
cumpleaños 30

decoupage 101, 122
denim 48
derecho 123
descargas 8-9
diadema 23
direcciones web 8-9

elástico 41, 47
encaje 30, 32-33, 35
entretela 20-21, 102, 107, 110-111, 122
  no termoadhesiva 107
  termoadhesiva 20-21, 107, 110-111
etiquetas para regalos 30, 114-118

fieltro
  de lana 7, 12, 14, 20, 26, 28, 32, 38, 47-48, 50, 56, 62, 68, 72, 74, 76, 80, 86, 92, 98, 104, 116, 123
  sintético 7
  tipos de 7
flamenco, proyecto 114-119
flores 83
franela 18, 56, 58, 68, 72, 90, 102, 122
fruncir 48, 112, 122
funda
  para bolsa de agua caliente 17, 121
  para huevos 77

garras 40
gaviota, proyecto 66-70, 120
giradores de cilindros 116-117, 123
guardacables 12, 17
guata de algodón 32-33, 38-39, 68, 70-71, 122
guías de ubicación 15, 57

hilo
  de bordar 7-8, 14, 16, 20, 22, 26, 28, 32-34, 38, 40, 44, 46, 50, 56, 58, 62, 64, 68, 70, 74, 76, 80, 82, 84, 86, 88, 92, 94, 98, 100, 104-107, 110, 112, 116, 118, 122
  de pescar 113
hilván 6, 40, 46, 122
hocico 94
hojas 83

imágenes reflejadas 27, 39, 57, 63, 69, 75, 81, 87, 93, 99, 105, 111, 117, 123
imán para nevera 65
imprimir 9

judías 41, 47
juguetes 53
  muñecos 12, 23, 53
  para gatos 23

kits
  de costura 101
    de viaje 101

lana 102
lector de códigos QR 8
lino 66
llaveros 113
loneta 60
loro, proyecto 96-100

maíz 29, 41, 72
margen de costura 8, 51, 90, 118, 123
marioneta 29
martín pescador, proyecto 42-46
máscaras 42
mesa (con servilleteros) 65
microondas 95
móvil 89
muñeco, coser 7

ojos 15-16, 20, 22-23, 28-29, 40, 45-46, 48, 52, 58, 64, 74, 76-78, 80, 82, 88, 94, 100, 105-106, 112, 118, 121
orejera 23

orillos/bordes vivos 34, 42, 45, 52, 58, 65, 88, 94, 106, 112, 123

pájaro carpintero, proyecto 60-64
paloma, proyecto 30-34
pana 18, 48, 60, 66, 102
pasadores para el pelo, soporte para 107
patas 114, 117-119
pavo real, proyecto 102-106
pecho 51-52, 78, 80-81, 87-88, 93
peluche 23
pespunte 8, 122
pestañas 33
petirrojo, proyecto 78-82
pezuñas/patas 7, 29, 70, 106
pico 7, 16, 22, 24, 28, 34, 36, 40, 46, 48, 52, 58, 64, 69-71, 76-78, 80, 82, 88, 94, 100, 106, 118
pingüino, proyecto 24-28
pinzas 21-22, 27, 40, 45, 69-70, 75, 77, 99, 117, 122
pisapapeles 89
plantillas de los patrones 8-9, 14, 20, 26, 32, 38, 44, 50, 56, 62, 68, 71, 74, 80, 86, 92, 98, 104, 110, 116, 120-121
plumas de la cola 9, 39, 96, 102, 105-107
pollito, proyecto 72-76
popurrí 47
presionar con el dedo 51, 75, 87, 111, 122
primera comunión 30
pulseras, soporte para 101
puntada
  ciega 58, 71, 76, 105, 118, 121-122
  corrida 6, 8, 15-16, 22, 45, 52, 82, 88, 94, 106, 123
  de escalera 22, 40, 46, 52, 58, 64, 69-70, 76-77, 81-83, 88, 94-95, 100, 106, 112, 118, 123
  dividida 123
  recta 8, 75, 123
  satinada 52, 88, 123
  vista/pespunte 22, 34, 39, 46-47, 99, 111, 123
punto
  de cadeneta 84, 122
  de cruz 54, 105, 117
  de festón 46, 122
  sobrehilado 15

rafia 83
regalos 83
relleno de poliéster 14, 16, 20, 26-27, 38, 40-41, 44-45, 47, 50, 52, 56, 58, 62, 64, 68-69, 71, 74, 76, 80-81, 86, 88, 92, 94-95, 98, 100, 104, 106-107, 110, 112, 116, 118
revés 123

saquito con popurrí 83
servilletero 65
smartphone 8
sobrehilado 45, 51, 70-71, 75, 101, 111, 123
solapas 121
soporte
  para mandos a distancia 41
  para muñecas 101
sujetacartas 107
sujetalápices 47
sujetalibros 71
sujetatarjetas 59

tela de toalla 24
tijeras dentadas 22, 32-33, 38-39, 98-99, 123
tope para puertas 12, 41

velcro 53, 121

zigzag, puntada en 15, 30, 35, 39, 51, 53, 59, 70-71, 75, 111, 123

Agradecimientos

Muchísimas gracias a mi marido, Travis, y a mis hijos, Elsie, Anne, Calvin y Marion, por vuestra paciencia, honestidad y demostraciones de admiración mientras creaba estos pájaros.

Gracias a mi directora y editora del proyecto, Cath Senker, por su amabilidad, su paciencia y su excelente capacidad para conseguir que mis instrucciones resultasen claras y sencillas.

Gracias a la directora editorial de Rotovision, Isheeta Mustafi, por su visión y su apoyo en la creación de este libro. A Tamsin Richardson, ayudante de edición, por su apoyo y su capacidad de gestión.

Gracias también a Jacqueline Ford por contactar conmigo y ayudarme a convertir este libro en realidad.

Gracias a mi padre, Barney, por su amor por los pájaros y los muchos momentos de felicidad observando el comedero de nuestro porche. De allí surgió el amor por los pájaros que ha hecho que crear estos muñecos haya resultado tan divertido. Gracias también a mi madre, Linda, por ayudarme siempre a profundizar en las ideas y por sus honestos comentarios.

Virginia Lindsay